Paul Oestreicher
Aufs Kreuz gelegt

Paul Oestreicher

Aufs Kreuz gelegt

Erfahrungen eines kämpferischen Pazifisten
Aus dem Englischen von Joachim Rehork

Wichern-Verlag

Die Deutsche Bibliothek - CIP-Einheitsaufnahme

Oestreicher, Paul:
Aufs Kreuz gelegt: Erfahrungen eines christlichen Pazifisten/
Paul Oestreicher. Aus dem Engl. von Joachim Rehork. -
2. Aufl. - Berlin: Wichern-Verl., 1994
ISBN 3-88981-074-8

2. Auflage 1994
Satz: Wichern-Verlag, Berlin
Druck: Color-Druck Dorfi GmbH, Berlin
Buchbinderei: Heinz Stein, Berlin
ISBN 3-88981-074-8

In Erinnerung an Else,
eine Großmutter,
deren Liebe kein Holocaust
auslöschen konnte.
Und für Lore, ohne die ...
Und für ihre Kinder und meine.

Die Graphik auf der gegenüberliegenden Seite schuf Vicky. Sie erschien Ende März 1960 in „The New Statesman and Nation". Anlaß war das Massaker von Sharpville, Südafrika, am 21. März 1960.

Vicky, das ist Victor Weiß, wurde am 25. April 1913 in Berlin geboren. 1939 flüchtete er als Jude vor den Nationalsozialisten nach England. Seit Mitte der Fünfziger Jahre bis zu seinem Tod 1966 gehörte er zu den bedeutenden politischen Karikaturisten in England. Am 20. Februar 1966 nahm er sich das Leben: Aus Verzweiflung über den Vietnam-Krieg.

... denn sie wissen nicht, was sie tun.

Vorwort
Desmond Tutu

Als es mir endlich gelang, dieses fesselnde Buch von Paul Oestreicher aus der Hand zu legen, war ich gründlich geläutert. Selten habe ich eine vernichtendere Anklage darüber gelesen, wie wir Christen allzuoft unseren Glauben ins Leben ummünzen. Wahrheitsgemäßer ausgedrückt geht es wohl um unser Unvermögen, den fast unmöglichen Forderungen unseres Glaubens gerecht zu werden. Ich mußte mir die Frage stellen: Habe ich eigentlich den Gott und Herren, den ich verehren darf, verraten? Genauer gesagt, er hat mir ganz unverdient und aus reiner Gnade die Ehre getan, mir entgegenzukommen als sein Jünger.

Es war immer sehr einfach, der Versuchung zu erliegen, einen Gott darzustellen, der allen anständigen, bürgerlichen Vorstellungen entspricht, der die Guten und Gerechten belohnt und die Vorhaben der Gottlosen gründlich vereitelt. Es war immer sehr einfach, über einen Gott zu reden, der tugendhaftes Verhalten verlangt, bevor es ihm einfällt, uns anzuschauen, geschweige uns erlösen zu wollen. Diesen Gott, der aus lauter ordentlichen Vorschriften besteht, konnten wir sauber verpacken und beschriften und dann auf ein Podest stellen, denn er soll ja nicht in der Lage sein, unserem Leben zu sehr in die Quere zu kommen. Wie oft bildeten wir uns ein, die Wege Gottes erkannt zu haben! Irgend jemand soll einmal gesagt haben: „Gott schuf den Menschen nach seinem Ebenbild, und dann schuf der Mensch Gott nach seinem."

Paul Oestreicher hat mir ins Gedächtnis gerufen: Gott ist das endgültige Geheimnis (Rudolf Ottos *mysterium tremen-*

dum). Seine Wege sind nicht unsere Wege. Wir können ihn eben nicht sauber verpacken und beschriften. Er durchbricht unsere einengenden Sitten. Er ist kein vornehmer Gott, wenn man bedenkt, mit welchem Gesindel sich Jesus zum Ärgernis der Kirchenleitungen (oder Glaubenselite) herumtrieb. Seine Freunde sind die Steuereintreiber, die Huren und Sünder, mit denen er zu Tisch sitzt. Er bewegt sich mit grenzenloser Freiheit, an keines der Gesetze Gottes gefesselt. Beinah mit Verachtung bricht er das Gesetz des Sabbats. Das höchste Gesetz für ihn ist dies: Was verlangt das Mitgefühl angesichts der menschlichen Not? Es gibt keine fertigen Rezepte und keinen heißen Draht zum Himmel, keine Garantie der Unfehlbarkeit.

Ein freier Gott hat uns zur Freiheit erschaffen. Wir müssen das Risiko der Eigenverantwortung freudig entgegennehmen, um als moralisch verantwortliche Menschen bestehen zu können. Wir können niemals – außer in einem eng begrenzten Bereich – mit absoluter Sicherheit behaupten, daß das, was wir ehrlich als das Beste beabsichtigen, auch tatsächlich das absolut Richtige ist. Wichtig ist, das Unsere ehrlich und gewissenhaft zu tun und Gott die Folgen zu überlassen. Letzten Endes gehört ihm die Welt.

Er trägt letztlich die Verantwortung dafür, was aus ihr wird, nachdem er uns unglaublich geehrt hat, mitarbeiten zu dürfen, sein Ziel zu erreichen – das Reich der Liebe, des Mitgefühls, der Gerechtigkeit, des Lachens, des Friedens, des Füreinander-Sorgens und Miteinander-Teilens.

Er fordert uns auf, für alles, was das Leben bereichert, zu arbeiten, für alles, was den Menschen und seine Würde stärkt, und allem entgegenzutreten, was den Menschen entstellt, herabsetzt und entwürdigt.

Wir können uns auf kein Buch der unfehlbaren Regeln berufen bei dieser Aufgabe der Nachfolge des Zimmermanns aus Nazareth. Wir bitten um die Erleuchtung durch den Heiligen Geist im Tun des Guten und hoffen, wenn man uns das Christsein zur Anklage machen würde, daß das Beweismaterial ausreichen würde, uns für schuldig zu befinden. Traust du eine geschiedene Frau, die auf dem Sterbebett liegt, auch wenn es deine Kirchenleitung verboten hat? Trittst du brutalen Rassisten entgegen, die glücklose Opfer schikanieren? Bist du bereit, dich um sogenannte Terroristen zu kümmern? Und mehr noch. Musterbeispiele sind das, nicht leicht wiederholbar. Es geht darum, unser Mitgefühl und unsere Liebe offen und empfänglich für die Regungen des Geistes zu leben. So können wir den Kampf um Gerechtigkeit und gegen die verteufelte Rassentrennung vermenschlichen, daran denkend, daß unsere Gegner keine Feinde sind, die ausradiert werden müssen, sondern Söhne und Töchter – vielleicht irregeführt, aber trotzdem Söhne und Töchter – des gleichen Gottes und Vaters. Das ist aufregend und herausfordernd. Oft war ich diesen hohen und edlen Ansprüchen nicht gewachsen, und darum wurde ich beim Lesen dieses wunderbaren kleinen Buches geläutert.

† Desmond, Erzbischof von Kapstadt

Ein persönliches Wort an die deutschen Leser*

Kann man Pfarrer sein und Christ bleiben? Haben die Kirchen in einer langen Geschichte, die alles andere ist als ruhmreich, die Menschen nicht immer wieder aufs Kreuz gelegt? Haben sie nicht eine Religion in konkurrierenden Verpackungen verkauft, die keinem gründlichen Warentest standhalten würde? Diese Fragen liegen den Lebenserfahrungen zugrunde, die ich in diesem Büchlein als englischer Pfarrer britischen Lesern zugemutet habe. Warum nicht auch deutschen?

Aber dem deutschen Leser schulde ich eine Einführung, die eine Brücke baut von meiner englischen Wahlheimat zu meinen deutschen Wurzeln, von meinem Alltag als anglikanischer Geistlicher und zugleich als Quäker, zu meinem *alter ego,* dem ökumenischen Politologen, der sich so wenig als Fremder fühlt in Kapstadt wie in Dresden.

Ich wage also ein Stück Selbstdarstellung. Goethe hatte die Einsicht, daß das immer eine Mischung von Dichtung und Wahrheit sein muß. Jedes Leben – oder fast jedes – ist so vieldeutig wie eine Stasi-Akte. Zugleich Täter und Opfer zu sein, ist für die meisten Menschen ziemlich normal. Und (das ist nun gut lutherisch) zugleich Ebenbild Gottes und Sünder. Kein Wunder – um den Stil Luthers nachzuahmen –, daß die Kirche ein solch begnadeter Sauhaufen war, ist und vorerst wohl bleiben wird.

Meine erste Heimat war die einst berühmte Theaterstadt Meiningen. Zu guter Zeit bin ich dort nicht geboren. Trotzdem

* deutscher Originaltext: Januar 1993. Die restlichen Kapitel auf Englisch erschienen 1986.

herrschte große Freude, und nicht nur in meinem Elternhaus. Das ehemalige Fürstentum Sachsen-Meiningen stand ganz im Zeichen des Besuches des Luftschiffes Graf Zeppelin. Aber noch viel Wichtigeres war im Werden: Das Land Thüringen war dabei – dem Reich voraus –, die große Zukunft zu umarmen. Hier kam die NSDAP vorzeitig zur Macht. Man hatte den Führer als *den* Ehrenbürger Deutschlands erkannt. Die Begeisterung war groß. Auch in der Kirche, die bald zur allerbraunsten im ganzen Reich wurde. Zu guter Zeit bin ich nicht geboren.

Es gab aber auch Spielverderber. Nicht viele. Zum Beispiel Juden. Juden, die oft stolz waren, deutsch zu sein, und glauben wollten, daß der „Führer" sie doch bestimmt nicht meinen könnte. Zumal solche, wie mein Vater, die überzeugte, getaufte Christen waren. Der „Führer" (das lernten viele, als es schon zu spät war) war aber viel zu gewissenhaft, um sentimentale Ausnahmen zu machen. Ich war also ein Mischling, Produkt der schandbaren Ehe einer „echt deutschen" Kammersängerin, Schülerin Max Regers, und eines „nichtarischen" Kinderarztes.

Es kam die Zeit, da Dr. med. Paul *Israel* Oestreicher kein deutsches Kind mehr behandeln durfte. Was nützte da sein Eisernes Kreuz erster Klasse aus der Schlacht an der Somme? Einige wenige standhafte Freunde gab es auch. Sogar unter Christen. Aber eher unter Sozialdemokraten oder alten Konservativen, wie die Eltern meiner Mutter.

Ich war sechs Jahre alt, als wir in die Großstadt flüchteten. Für mich war mein Berliner Versteck in einer Kellerwohnung mehr Abenteuer als Schrecken. Meine Eltern sah ich nur selten. Wohin mit uns? Jüdische Asylanten waren im Ausland nicht willkommen. Wir verdanken es dem tapferen Berliner Propst Heinrich Grüber und einem uns bis dahin unbekannten Franzosen, der uns das lebensrettende Geld gab, daß uns vor Kriegsausbruch die Ausreise nach Neuseeland gelang, das Naturparadies in der Südsee mit damals nur 1,5 Millionen

Menschen und 70 Millionen Schafen. (Dazu mehr im Kapitel Mystik und Politik.)

Für meine jüdische verwitwete Großmutter war es zu spät, um uns zu folgen. Der Krieg hatte begonnen. Als sich 1942 die Meininger Juden zum Abtransport melden sollten, schrieb sie einen zuversichtlichen Abschiedsbrief an Sohn und Enkelsohn und schied friedlich aus dem Leben: „Ein tapferer Kapitän versenkt sein Schiff lieber, als es dem Feind auszuliefern."

Erst nach dem Krieg erfuhren wir von diesem Ende und vom abenteuerlichen Überleben meines halbjüdischen Onkels, den die Schwester meiner Mutter geheiratet hatte. Er wurde dann Landessekretär der Thüringer Liberaldemokraten, bis er vor der SED nach Westdeutschland flüchten mußte. Ganz anders der Bruder meiner Mutter: eine typisch deutsche gespaltene Familie. In hohem SS-Rang war er 1941 Personalleiter der Auslandsorganisation der Nazipartei geworden und nach dem Krieg Gefangener in den DDR-Zuchthäusern Torgau und Bautzen. 1955 amnestiert, sah er niemals ein, warum er so hat leiden müssen, hatte er doch „niemandem jemals persönlich geschadet".

In Neuseeland gelandet, mußte mein Vater die drei klinischen Jahre des Medizinstudiums wiederholen: Sein – wie er oft dann sagte – „geistiges KZ". Mit Bach, Schubert, Brahms und Hugo Wolf, einem großen Gemüsegarten und einem gemieteten Haus mit Studenten als Untermietern, brachte meine Mutter uns durch. Vieles verdankte sie ihrem bäuerlichen Hintergrund. Sie schlug schnell Wurzeln in neuseeländischer Erde. Und die Musik kennt ohnehin keine Grenzen.

Es war Krieg, und wir waren feindliche Ausländer: „enemy aliens", wie es amtlich hieß, unter polizeilicher Beobachtung. Auf dem Schulhof beim Spiel war ich der „Nazi-Junge", und nicht zum Spaß. Die eifrigen älteren Fräuleins im Haus gegenüber meldeten einen Strandspaziergang meiner Eltern als mutmaßliche Kontaktaufnahme mit deutschen U-Booten! Der Chef der Ausländerpolizei, alles gewissenhaft nachprüfend, wurde bald zum vertrauten Freund, der eine besondere Vorliebe entwickelte für die deutsche Apfeltorte aus dem Backofen meiner Mutter. Es gab vieles zum Lachen, manches zum Weinen und trotz Krieg bald einen vertrauten Freundeskreis.

Aber Exil blieb Exil, vor allem für meinen Vater. Mein Elternhaus blieb eine kleine Botschaft des „anderen" Deutschland. Es gab Flüchtlinge, die entschieden und verständlicherweise allem Deutschen den Rücken kehrten. Mein Vater sprach eher von der spät erkannten Gnade, als Jude geboren zu sein. Hätte man sonst nicht auch zu den Schuldigen gehört? Hätte man wirklich den Mut und die Weisheit der Wenigen gehabt, die dem „Führer" widerstanden?

In den Nachkriegsjahren brach die alte Heimat enttäuschend in das Familienleben ein. Massenhaft Briefe an die „glücklich Ausgewanderten" mit der Bitte, zu bescheinigen, man sei doch niemals Nazi gewesen. Hätte man Dr. Oestreicher doch mutigerweise auf der Straße noch gegrüßt, als dies schon gefährlich war. Die, die's wirklich getan hatten, die tatsächlich etwas riskiert hatten, schrieben keine solchen Bettelbriefe.

Das und vieles mehr war bitter. Trotzdem hielt es meine Mutter nicht davon ab, in den Hungerwintern 1946 und 1947 ein neuseeländisches Hilfswerk für notleidende Thüringer Familien ins Leben zu rufen. Keine amtliche Stelle in der sowjetischen Zone durfte sich bedanken für Hilfe aus dem kapitalistischen Ausland. Um so mehr freute meine Mutter die Anerkennung der von Bundespräsident Theodor Heuss ins Leben gerufenen Dankspende des Deutschen Volkes: westdeutscher Dank für viele tausende Lebensmittelpakete in den deutschen Osten.

Meine Kindheitserlebnisse waren es wohl, die mich zum Studium der politischen Wissenschaften trieben und, als Nebenfach, der deutschen Literatur. Nach Flucht und Krieg wurden zwei Dinge für mich zentral: der Friede und die Menschenrechte. Also schrieb ich als Magisterdissertation die Geschichte der Kriegsdienstverweigerer in Neuseeland. Sie hatten es nicht leicht gehabt. Toleranz wurde in diesem kleinen Land nicht großgeschrieben. Mein wissenschaftlicher Berater war General Kippenberger, Kommandeur der Neuseeländer in der Schlacht von Monte Cassino. Dort hatte er beide Füße verloren. Er war nun Chefredakteur der Kriegsgeschichte Neuseelands. Der General a.D. und der junge Pazifist wurden gute Freunde.

Irgendwie wußte ich, bei der Politik darf ich nicht stehenbleiben. Die politische Philosophie war für mich die Schwelle zur Theologie und – über eine deutsche Schiene – zum Pfarrerberuf in England. 1954 las ich ein Buch, das zum Schlüsselerlebnis wurde: Helmut Gollwitzers *Und führen wohin du nicht willst* aus dem Christian Kaiser Verlag. Gollwitzer hatte Martin Niemöllers Pfarrstelle in Dahlem übernommen, nachdem dieser ins KZ gebracht worden war, zog dann als Sanitäter in den Krieg und war viele Jahre in sowjetischen Gefangenenlagern. Sein Buch ist die Geschichte dieser Gefangenschaft und zugleich eine Einführung in den Marxismus-Leninismus auf eine ganz persönliche Art. Eingehend erzählt Gollwitzer, dieser geniale, warmherzige Bayer, von seinen langen Gesprächen mit den sowjetischen Politoffizieren. Er nahm sie ernst, war bereit, von ihnen zu lernen, machte aber niemals einen Abstrich an seiner christlichen Überzeugung. Hier war mein Dialog-Modell und die Geburt meiner Überzeugung, daß christlicher Glaube und Sozialismus keine Gegensätze sind und zugleich, daß es einen viel besseren Sozialismus geben müsse als den der angeblich unfehlbaren KPdSU und ihres Götzen, Josef Wissarionowitsch, genannt Stalin.

Vor inzwischen mehr als vierzig Jahren kehrte Helmut Gollwitzer nach Deutschland zurück. Der Stalinismus ist tot, aber die ständig wachsende Schar der Armen auf unserer Erde wird vom freien Markt nicht gerettet. Die Suche nach einer wirklich sozialen und solidarischen menschlichen Weltordnung geht weiter. Viele werden unterwegs, wenn sie den Mut haben, dorthin geführt werden, wohin sie nicht wollen. Daß wir im reichen „Nord-Westen" bescheidener leben müßten und mit anderen das, was wir haben, teilen, damit unsere Kindeskinder überleben, müßte unter Christen selbstverständlich sein, ist es aber nicht, solange Bischöfe und Kirchenleitungen Aktionärsversammlungen von Daimler-Benz mehr gleichen als den Basisgemeinden des armen Gottesvolkes. Dom Helder Camara dazu: „Teile ich mein Brot mit den Armen, nennen sie mich einen Heiligen. Frage ich, warum sie kein Brot haben, nennen sie mich Kommunist."

Mit einem Forschungsstipendium der Alexander von Humboldt Stiftung verließ ich 1955 meine zweite Heimat Neuseeland, um in Bonn bei Helmut Gollwitzer im Bereich der politischen Theologie meine Suche fortzusetzen. Suche wonach? Nach der Nachfolge Christi heute. Auf dieser Suche waren die Märtyrer der Nazizeit bedeutende Wegweiser. So in besonderer Weise Max Josef Metzger, katholischer Pfarrer und Friedensapostel, Vorreiter der christlichen Einheit. Aber vor allem Dietrich Bonhoeffer, dem es nicht um die Kirche, sondern um das Reich Gottes in der Welt ging.

Meine erste Aufgabe war es, mich innerlich mit den Deutschen auszusöhnen. Das war im Bonner Wirtschaftswunderland, wo die Vergangenheit verdrängt wurde, gar nicht leicht. Und ich machte es mir nicht leicht. Ich wollte mich nicht nur unter Gleichgesinnten bewegen. Zwar war es wohl Zufall, daß ich gerade an der Ermekeilkaserne vorbeilief, als allerhand Prominenz durch das Tor ging. Neugierig, meinen neuseeländischen Paß in der Hand, landete ich irgendwie im Kasernenhof, um mitzuerleben, wie die allerersten Soldaten der Bundeswehr vereidigt wurden. Der Kalte Krieg lief schon auf Hochtouren. Mir lief es kalt den Rücken hinunter.

Zugleich wurde ich aber wie ein Sohn aufgenommen in der Familie Gustav und Hilda Heinemann in Essen. Hätte ich damals geahnt, daß der so alternative, antimilitaristische und doch traditionsbewußte Anwalt und bekennende Christ einst Bundespräsident werden würde, wär's mir leichter ums Herz gewesen. Damals war mir aber schon klar, daß der andere deutsche Staat, den man „drüben" oder „die Zone" nannte, nicht der bessere war. Mein erster DDR-Besuch bestätigte diese Einsicht.

Aber ebensowenig war ich bereit, diesen anderen Staat zum Teufel zu wünschen. Nicht einmal nach der ersten direkten und bitteren Erfahrung. Nicht nur der Christ, sondern auch der Realist und Politologe in mir machten mich zum Gründungsmitglied des britischen Ausschusses für die diplomatische Anerkennung der DDR. Gab es dort nicht auch positive Ansätze? Zumindest bis 1968 glaubte ich, dieser Sozialismus wäre reformierbar. Unter den deutschen Kommunisten – aber nicht nur den deutschen – hatte und habe ich Freunde. Aber da, wo die eigentliche Macht im Osten lag – sei's in Moskau oder Prag oder Berlin – half mir das wenig. Ich wunderte mich eigentlich nicht, als ich mich in meiner umfangreichen Stasi-Akte als mutmaßlicher britischer Spion entdeckte. Ob mich MI6 – die britische Staatssicherheit – für einen mutmaßlichen Agenten Moskaus hielt, werde ich wohl niemals wissen; nur soviel, daß beide Seiten meine Telefonate nicht im Nichts verhallen ließen.

Diese meine Gratwanderung im Kalten Krieg blieb für lange Jahre ein Leitfaden durch mein Leben. Das Wissen, daß (in den Worten Gustav Heinemanns im Bundestag) Jesus Christus nicht gegen Karl Marx gestorben ist, sondern für uns alle, blieb von zentraler Bedeutung. Und wohl auch, daß mein konservativer mütterlicher Großvater im Dritten Reich sein Amt als Zuchthausinspektor lieber aufgab, als Kommunisten, die nichts verbrochen hatten, einzusperren. Daß ich fünf Jahre meines Lebens der Leitung von Amnesty International in England widmete, war bestimmt kein Zufall.

Zwei ruhige, fast idyllische Jahre im anglikanischen Priesterseminar in der mittelenglischen und mittelalterlichen Kathedralenstadt Lincoln waren keine schlechte Vorbereitung für ein sehr aktives Leben in der Kirchenpolitik und der Friedensbewegung Englands. Das Meditative und Mystische – auch das Priesterliche – blieben mir immer von zentraler Bedeutung, auch dann, wenn andere davon wenig sahen. Priester, auf lateinisch *pontifex*, heißt Brückenbauer.

Dabei kam das Leben in und mit meiner jungen Familie für viele Jahre zu kurz, was ein nicht mehr gutzumachender Schmerz bleibt. Daß eine Berliner Physiotherapeutin am Lincolner Stadtkrankenhaus den Namen Feind trug, war nicht genug Grund, sie zu heiraten. In diesem Fall fiel mir aber die „Feindesliebe" nicht schwer. Eine College-Hochzeit ging meiner Ordination voraus. Das war – wenn auch unbewußt – ein Stück Aussöhnung mit Deutschland. Meine zukünftige Frau war ganz auf sich angewiesen auf dem nicht leichten Weg von einer Nazi-Kindheit in den Bombennächten Berlins zu einer christlichen Alternative in der Berliner Jungen Gemeinde. Später entdeckte sie eine neue kirchliche Heimat in der bewegenden liturgischen Tradition einer anglikanischen Kathedrale.

Einem ersten Ehejahr – und der Geburt des ersten Kindes – als Pfarrvikar und Gast der hessischen Landeskirche in der Opelstadt Rüsselsheim folgten die ersten Pfarrjahre im proletarischen Londoner Osten als Lehrling eines radikalen linken Pfarrers, der die Kommunistische Partei aus Protest verlassen hatte, als die Sowjets die ungarischen Freiheitskämpfer 1956 niederwalzten. Er gründete 1961 das erste englische Seminar für Arbeiterpriester. In dieser Gemeinde lebten viele Juden und damals schon viele Immigranten aus der Karibik. Der Kampf gegen die Faschisten Mosleys und ihren Rassismus gehörte mit zum Gemeindealltag. Es war eine gute und harte Schule. Hier kam unser zweites Kind zur Welt.

Es folgten vier Jahre in der Redaktion Kirche und Gesellschaft des britischen Rundfunks, BBC, und dann die Anfänge der langen Jahre als Osteuropareferent des Britischen Kirchenrates, zu Beginn hauptamtlich, später nebenamtlich als Leiter eines Pfarrerteams mit Gemeinde- und Sonderaufgaben – dies 13 Jahre lang –, bis ich 1981 Leiter des Außenamtes des Kirchenrates wurde, fünf Jahre als „Außenminister“ der britischen Ökumene. Und inzwischen um zwei weitere Kinder bereichert.

Dem letzten Ruf 1986, in das Domkapitel der Kathedrale von Coventry als Leiter der Versöhnungsarbeit der weltweiten Nagelkreuzgemeinschaft*, gingen harte Monate voraus. Im immer noch geliebten Land meiner Jugend, wo meine Familie Asyl gefunden hatte, wählte mich die anglikanische Synode der Hauptstadt Neuseelands zum Bischof. Die Annahme fiel meiner Frau und mir schwer. Wir und unsere Kinder waren eben doch Europäer. Trotzdem war es fast unmöglich, zu diesem Ruf nein zu sagen, bis ein bitterer Streit in Neuseeland entbrannte. Einige Bischöfe meldeten Protest an. Sie wollten diesen radikalen Engländer (und sei es mit neuseeländischem Paß) nicht haben. Sie fühlten sich offensichtlich bedroht von diesem Anglikaner, der zugleich Quäker geworden war, und noch dazu hochpolitischer Atompazifist. Das würde zuviel Unruhe bringen. Und damit war es klar: Von London ging es nach Coventry und nicht zurück an den Südseestrand meiner Jugend. Es mag wohl sein, daß ich sonst in etwas anderer Form in Wellington die Exilerfahrung meines Vaters hätte durchleben müssen.

Der Umzug nach Coventry fiel zusammen mit dem Anfang des Endes des Kalten Krieges. Das Zeitalter von Glasnost und Perestroika hatte begonnen, und auch meine andere Liebe, Südafrika, stand vor einer radikalen Wende. Es war gut, die kirchliche Außenpolitik in jüngere Hände zu legen. Aber der

---

* Zur Geschichte Coventrys und der Nagelkreuzgemeinschaft: siehe Helmut Gröpler, Die Engel hielten den Atem an. Das Nagelkreuz von Coventry. Geschichte und Geschichten, Wichern-Verlag, Berlin 1992.

Kampf gegen britische Atomwaffen war noch nicht gewonnen. Gerne blieb ich Vizepräsident der Kampagne für Atomare Abrüstung. Die Arbeit für Menschenrechte und Versöhnung konnte gut von Coventry aus weitergehen. Ganz besonders wichtig schien es, der mutigen unabhängigen Friedensbewegung in der DDR beizustehen. Das hatte Dr. Barbara Einhorn schon 1983 getan, als man sie in der DDR verhaftete. Als Dozentin für DDR-Literatur in England, engagierte Atomwaffengegnerin und Neuseeländerin aus deutschem Elternhaus wie ich, folgten ihr die Bürgerrechtlerinnen Bärbel Bohley und Ulrike Poppe in die Haftanstalt der Staatssicherheit. Fünf Jahre später wurde Bärbel Bohley und mit ihr andere Frauen und Männer der Friedensbewegung erneut verhaftet.

Wieder hieß es, der evangelischen Kirche der DDR beizustehen, Gefangene zu befreien und nun auch ihre Ausweisung nach Westdeutschland zu verhindern. So verhandelte ich, bis Bärbel Bohley, Werner Fischer und Vera Wollenberger nach England reisen durften mit DDR-Pässen und dem Recht, wieder nach Hause zu fahren, was sie auch taten. Für diese reformorientierten Dissidenten war es nicht leicht zuzugeben, daß es eine bessere DDR nicht geben konnte (und für mich auch nicht). Ein neues Zeitalter hatte begonnen. Bald würde Erich Honecker zum zweiten Mal in seinem Leben in Moabit Gefangener sein. Dort gab er mir zu, als ich ihn im Dezember 1992 besuchte, daß Perestroika gleichbedeutend war mit dem Ende des realen Sozialismus. Diese DDR war nicht reformierbar. Eines war und ist mir aber klar, ein Gefängnis und ein Gerichtshof sind nicht der Platz – und Moabit erst recht nicht –, an dem die DDR-Vergangenheit sinnvoll moralisch und gesellschaftspolitisch reflektiert und aufgearbeitet werden kann.

Geschichtsbewußt zu leben war für mich immer wesentlich, persönlich und politisch. Aber auch geschichtsfrei, nicht Gefangener des Erlebten, Erlittenen und Verschuldeten. Das hat alles mit Gnade zu tun, nicht mit der billigen, sondern der am Kreuz Christi errungenen. Die Vergangenheit darf nicht zur Last bis zum Tode werden, eine Last, die in der Gegenwart lähmt. Gnade hat mit Vergebung zu tun und der Fähigkeit, sie anzunehmen und anzubieten. Weil das so ist, habe ich immer wieder den nicht leichten Versuch gemacht, gegenwarts- und zukunftsorientiert zu leben. Das ist für alle Deutschen wichtig.

Für ein Jahr soll ich aber diesen Versuch aufgeben, um mich der DDR-Vergangenheit zu widmen. Nach 37 Jahren gibt mir die Alexander von Humboldt Stiftung eine Verlängerung meines Stipendiums, um die damals begonnene Arbeit über Christentum und Marxismus praktisch abzurunden mit einem Bericht über das Leben der Christen in der DDR. So befinde ich mich nun, diese Einleitung schreibend, unweit der Stelle, an der ich mich als Kind vor der Gestapo verstecken mußte. Damals ging es unserer Familie um Leben und Tod. Heute bin ich dem Tod 54 Jahre näher.

Viele der Verehrtesten, die mich durchs Leben hilfreich begleitet haben, leben nicht mehr. Zuletzt waren es Petra Kelly und Gerd Bastian, die uns geheimnisvoll verließen. Wie oft kreuzten ihre beseelten Wege die meinen auf der Suche nach einem gerechteren Frieden. Eben nicht nur die älteren Weggefährten sind nicht mehr alle dabei. Auch unser jüngster Sohn, adoptiert, karibischamerikanischer Herkunft, lebt nicht mehr, endete selbst mit 19 Jahren sein Leben nach langem, teils erkanntem, teils unerkanntem Leiden, Leiden an seiner entfremdeten Umwelt, seiner, das heißt unserer Familie, sich selbst. Wieder ist es nur Gnade, die den Abschied erträglich macht und – über die Gegenwart hinaus – die Vergebung zur erlebten Wirklichkeit. Und Versöhnung zu einem brauchbaren Wort. Aber zögernd schreibe ich das. Denn viele Fragen bleiben offen.

Besteht ein Leben aus Dichtung und Wahrheit, dann mündet die Politik, wenn sie menschlich und damit göttlich sein will, immer wieder in die Mystik: Dann ist all das Erzählte nur ein Bruchteil des Erlebten. Dann ist mir die Sprache der Musik oft der Wirklichkeit näher als aller „Realitätssinn". Dann bleiben die Lieder meiner Mutter am rauschenden Bach im tiefen Thüringer Wald prägende Wahrheit. Dann sprechen Mahlers Kindertotenlieder, von Kathleen Ferrier gesungen, die selbst einen frühen Tod fand, die Sprache einer geheilten Welt, die aber keine Romantik macht aus dem unaussprechlichen Schmerz um den Tod eines jeden Kindes. Oder, wenn ein Lied schon zu viel ist – unerträglich –, dann einfach ein Schneeglöckchen in der kalten Erde.

Wie gewinne ich neue Kraft, wenn ein weiterer Brief für die Befreiung eines Gefangenen wie Mordechai Vanunu plötzlich wie eine unerträgliche Last erscheint? Mordechai hatte den Mut, der Welt zu berichten von der atomaren Rüstung Israels – und das nennt die Welt überall Hochverrat. Dann sitze ich wieder wie einst als kleines, fremdes Kind auf einem Felsen am pazifischen Meeresstrand und höre dem mächtigen Rauschen des Ozeans zu und finde auch in der Melancholie der Ohnmacht neuen Mut zum Leben.

Bleibt der Weg in eine gerechte Zukunft verbarrikadiert, dann entdecke ich in der schweigenden Stille einer Quäkerandacht, wo der nächste Schritt hingehen könnte, und in Brot und Wein – gleich in welcher Sorte Kirche, gleich unter welchen Mitmenschen – eine endlose Quelle des Lebens. Und schaue ich die russische Mutter und ihr Kind an, die Stalingrad Madonna, in der bittersten Schlacht an der Wolga von Kurt Reuber, Arzt und Seelsorger, Weihnachten 1942 gezeichnet, dann kann ich mit ihm ahnen, daß *Licht Leben Liebe* von äußeren Dingen nicht abhängen. *(Die Stalingrad Madonna – Das Werk Kurt Reubers,* Martin Kruse (Hrsg.), Lutherisches Verlagshaus)

Der Weltkommunismus ist kläglich zusammengebrochen, doch ich vergesse nicht, daß mein verstorbener Freund James Klugman, Historiker der britischen kommunistischen Partei, mit dem ich in den bewegten sechziger Jahren ein Buch herausgab über die Revolution mit menschlichem Gesicht, wie Franz von Assisi lebte, arm (nach langjähriger Arbeit in China) und mit einer offenen Tür und einem offenen Herzen für alle. Atheist und Kommunist war er und Jesus von Nazareth näher, als ich es auf dieser Erde jemals sein werde.

Und weiß ich nicht mehr aus noch ein, dann kommt mir mein verstorbener Dichter-Freund Erich Fried zu Hilfe, Erich, der säkulare Jude, der niemals jemanden verachtete, auch nicht den jungen Neofaschisten, der Auschwitz für eine Lüge hielt, Erich, der, wie es nur ein guter Dichter kann, Worte fand, um vielen zu sagen, daß die Liebe eben das ist, was sie ist. Dann werde ich auch fast mit dem Freitod meiner verfolgten Großmutter und meines gequälten Sohnes fertig.

Aber immer nur – und ich meine, es ist gut so – fast. Im Diesseits soll keine Religion, keine Ideologie alles absichern. Dieses kleine Buch, auf englisch *„The Double Cross“* (das heißt: Der Betrug), übersetzt: *Aufs Kreuz gelegt,* hat diesen Titel, weil ich heute zu wissen glaube, daß jeder Anspruch der Menschen, die letzte Wahrheit zu besitzen, ein Machtmißbrauch ist, weil er mit falschem Trost betrügt. Das haben die Kirchen, aber nicht nur die Kirchen, auf dem Gewissen. Sie, wie auch die Fanatiker des Islams, die den noch lebenden Salman Rushdie zum Tode verurteilt haben, wußten und „wissen nicht, was sie tun“. So auch die christlichen Eiferer, die die Apartheid-Politik Südafrikas betrieben – bis in den Abgrund. Prophetisch zeichnete das der jüdische Flüchtling und große Karikaturist der Menschlichkeit „Vicky“ als Hakenkreuzigung. Als der Vietnamkrieg einen Tiefpunkt der Barbarei erreichte, konnte Vicky keine Karikaturen mehr erfinden und endete sein Leben. Der Clown, der anderen das Lachen erlaubt, auch wenn das eigene Herz weint. Und irgendwann zerbricht.

Es folgen also Geschichten, wichtige und weniger wichtige aus meinem Leben, die in kein dogmatisches Schema passen, die an der geheimnisvollen Liebe Gottes nicht vorbeikommen, aber dem Leser keine letzten Antworten geben wollen oder können. Vielmehr geht es mir am deutschen Anfang dieser längst auf englisch erzählten Episoden, wie es Bert Brecht ging am Ende seiner bewegenden Legende vom Guten Menschen von Sezuan. Der Vorhang ist zu, und doch nicht ganz. Ein Schauspieler sagt es (nur wenig abgewandelt) so:

Verehrtes Publikum, jetzt kein Verdruß:
Wir wissen wohl, das ist kein rechter Schluß.
Vorschwebte uns: das Himmelreich auf Erden.
Hört nun der Menschheit bittere Beschwerden.
Wir stehen selbst enttäuscht und sehn betroffen
Den Vorhang zu und alle Fragen offen...
Vielleicht fiel uns aus lauter Furcht nichts ein.
Das kam schon vor. Was könnt die Lösung sein?
Wir konnten keine finden, nicht einmal für Geld.
Soll es ein andrer Mensch sein? Oder eine andre Welt?
Vielleicht nur andere Götter? Oder keine?
Ahnen wir's doch? Dann nur zum Scheine?
Der einzige Ausweg wär aus diesem Ungemach:
Sie selber dächten auf der Stelle nach
Auf welche Weis' dem guten Menschen man
Zu einem guten Ende helfen kann.
Ihr alle, los, sucht Euch nun selbst den Schluß:
Es muß ein guter da sein, muß, muß, muß.

Gott auf dem Prüfstand
Kaufhaus Kirche

Es ist zwar fast unmöglich, Christ zu sein. Dennoch drehen sich diese Betrachtungen, diese Fragmente aus dem Leben eines widerwilligen Pfarrers und eines Quäkers, der sein Quäkertum nicht leicht nimmt, ganz und gar um „die Liebe, die mich nicht losläßt".

Jeden Tag wirft – von jedem Fernseh-Bildschirm rings um die Erde reflektiert – Golgatha seinen Schatten auf unseren Planeten: ein Kreuz, viele Kreuze. Und wer trägt dafür die Verantwortung? Der Dichter, Seher und Liedermacher Sydney Carter spricht aus, was viele fühlen:

> Gott sie sollten kreuzigen,
> Nicht mich armes Ding,
> So sprach ich zu dem Zimmermann,
> als ich am Kreuze hing ...

Als ich, damals noch ein junger Regisseur der BBC, Anfang der sechziger Jahre dieses Lied senden lassen wollte, bekam ich auf der Stelle Zoff. Es würde zu viele brave Christen schockieren. „Also ist das *scandalum crucis* für den Funk nicht geeignet!", schimpfte ich. Doch hätte ich nicht so streitlustig zu sein brauchen, war doch Roy McKay, Chef des Kirchenfunks, trotz aller Liebenswürdigkeit ein radikaler Geist. Er wußte um die Anstößigkeit des Evangeliums, hatte ihn doch sein Pazifismus während des Krieges seine Stelle als Schulseelsorger gekostet!

Also wurde *Freitagmorgen* gesendet, und es hagelte die vorhersagbaren Beschwerden über „Gotteslästerung" von seiten einiger „Stützen der Kirche". Jesus war dies wohl allzu vertraut – allerdings war es in seinem Fall nicht bei Protestbriefen geblieben. Vielmehr wurde Blut vergossen, und die führenden „Kirchenmänner" seines Landes waren die Drahtzieher.

Der Räuber, der rechts von Jesus am Kreuz hängt, ist kein Narr, wenn er Gott anklagt, doch weiß er kaum, wer da neben ihm am Kreuz hängt, um getötet zu werden. Ist es etwa Gott selbst? Nein, nachdem dieser „Mensch für andere" offensichtlich den kürzeren gezogen hatte, waren seine Freunde zutiefst verwirrt. Jedenfalls waren die meisten von ihnen geflohen, und Petrus, ihr Anführer, nun vor Angst und Schuldbewußtsein wie gelähmt. Nur einer aus dem „harten Kern" der Zwölf war da – er, der dem Herzen Jesu am nächsten stand. Viele Autoren schildern Johannes als feminin – als ob es eine Krankheit wäre, eine Frau zu sein. Bezeichnenderweise hatten die Frauen in Jesu Umgebung nicht das Weite gesucht. Wenn es ein schwaches Geschlecht gibt – dann bestimmt nicht das weibliche.

Wenn es einen Gott gibt, der sich in seiner Schöpfung widerspiegelt, ja rätselhafterweise in jedem von uns, dann muß jeder, der Mitleid empfindet und über Gerechtigkeitssinn verfügt, mit dem verurteilten Räuber mitfühlen, der alle Vorwürfe auf den häuft, dem sie zu gebühren scheinen: auf Gott. Wie ein Lamm nimmt Jesus, in dem seine Freunde Gott erkennen, den Urteilsspruch der Welt auf sich:

Sie führen Gott zur Schlachtbank
Der Gerechte kauft mich frei
Er trinkt das Wasser des Wildbachs
An ein Kreuz genagelt er sei

(Henri Ghéon)

Welch besseres Sinnbild als dieses könnte es für eine Welt geben, die für Frieden kämpft, für Gerechtigkeit – eine Welt, die auf den Tod gern lebt? In der Kathedrale von Coventry, wo ich tätig bin, sendet ein Kreuz aus Nägeln diese Botschaft – Nägel aus Kriegsruinen, die allerdings für sehr viel mehr stehen: für eine Welt, in der Menschen gefoltert werden, in der Menschen hungern, eine Welt, in der Menschen Kinder erschießen und Dörfer bombardieren, weil sie fürchten, die Insignien zu verlieren, die ihnen Macht verleihen. Aber dennoch blühen ganz unbemerkt Blumen in knochentrockenen Wüsten, überdauert Liebe auch den Frost kalter Klimazonen.

Haben die Kirchen mit ihren anspruchsvollen Parolen von Weihnachten, Ostern und Pfingsten, das Kreuz im Mittelpunkt, gegenüber dem Menschengeschlecht nur eine nicht endenwollende Hochstapelei betrieben? Wurden wir nahezu zwei Jahrtausende lang von den Wortführern religiöser Institutionen aufs Kreuz gelegt, die die Erinnerung an den aufrührerischen jungen Krankenheiler und Prediger aus Nazaret fast verblassen ließen?

Jesus wurde hingerichtet, weil er die führenden Vertreter der Religion seines Landes – und vielleicht die weltlichen Machthaber auch – von ihren Thronen zu stürzen drohte. Wenn man ihn damals als Bedrohung der Macht und Glaubwürdigkeit religiöser Institutionen betrachtete, warum nicht auch heute?

Solange die Madonna der Flammen aus den Ruinen rennt und in schweigendem Protest gegen die Brandopfer und die Holocausts dieser Welt ihr sterbendes Kind emporhebt, bleiben diese und noch härtere Fragen unbeantwortet. Wenn die Erinnerungsfragmente aus meinem Leben, die ich im folgenden erzählen werde, die eine oder andere Andeutung einer Antwort enthalten, so ist dies von mir unbeabsichtigt. Es spiegelt die Liebe, die alles erträgt, die mich nicht losläßt, und stünde ich vor Terroristen oder ihren Verfolgern, vor Folterern oder ihren Opfern, vor Herrschern oder „ihren Völkern“, vor

Dienern oder ihren Herren – sei es in Manhattan oder Blackheath, in Nazaret oder Kalinin, in Prag oder in Windhuk.

Mein Gemälde ist vielleicht ein wenig zu großflächig, ist vielleicht zu weit gespannt. Doch die Menschen – und allein sie zählen – sind niemals größer als das Leben. Sie können nur so tun als ob. Sie alle zählen gleich viel, so schwer es jedem von uns fällt, so zu handeln. Wie Yip Harburg in einem anderen Zusammenhang passend schrieb:

> Wie hoch der Thron, wie groß, wie reich –
> der Hintern drauf ist deinem gleich

An den Erfahrungen, die ich mitzuteilen versuche, ist nichts, was nicht in jede Straße, in jedes Haus, in jedes Herz paßt.

Was bedeutet das Kreuz für die Männer und Frauen auf den Straßen unserer Welt? Wenige erkennen es als das Zeichen des Widerspruchs, das es ist. Einigen – nicht wenigen – ist es, trotz seines Anspruchs, zu retten und zu versöhnen, gar ein Kriegswerkzeug und ein Zeichen der Unterdrückung. Vielen anderen ist es nur Zierat, frei von allem Schrecken, umfunktioniert zu reizvollem Schmuck. Doch sogar diese Trivialisierung des Sterbens Gottes ist nichts im Vergleich zu seiner Verherrlichung in der kirchlichen Kunst des Rokoko.

Gibt es aber noch irgendeine Möglichkeit, das wahre Kreuz vor all den falschen Kreuzen zu bewahren, die so lange zur Verformung unserer Gesellschaft beigetragen haben? Kann man das Kreuz von jahrhundertelangem Mißbrauch reinwaschen? Vielleicht gelingt dies dem Kreuz aus gesintertem Stein, das nach dem Atombombenangriff auf Nagasaki in den Ruinen einer dortigen Kirche übrigblieb.

Wenn man Pilatus vergeben und den Soldaten verzeihen kann, die Jesus kreuzigten – besteht dann auch Hoffnung für die religiösen Funktionäre, die Jesus an Pilatus auslieferten? Wenn es Vergebung für die Christenverfolger gibt, die Mörder von Stephanus und von Martin Luther King, ja wenn sich selbst Hitler, Pol Pot, Stalin und Botha – in ihrer unüberwindbaren Ahnungslosigkeit – nicht außerhalb der Reichweite des göttlichen Erbarmens befinden (und der Himmel helfe uns, wenn sie es wären, denn wir sind alle aus demselben Fleisch und Blut), wie steht es dann um eine Kirche, die von sich behauptet, der Leib Christi zu sein, jedoch in ihrer langen, blutigen Geschichte sehr viel öfter andere ans Kreuz geschlagen hat, als sie selbst gekreuzigt wurde?

Die Prozessionskreuze, die Kirchenfürsten mit hohen Mitren und kostbaren Prunkgewändern vorangetragen werden, mögen ebenso harmlos sein wie die Beefeaters im Londoner Tower, doch während der Kreuzzüge zerschmetterten Kreuze die Schädel Ungläubiger, und bei den üblichen Karfreitagspogromen bedeutete das Kreuz für jeden Juden das Todesurteil, der mordlüsternen Christenhorden in die Hände fiel. Nicht ohne Grund waren weltweit Juden über den Plan eines katholischen Ordens empört, neben dem ehemaligen Konzentrationslager Auschwitz eine Andachtsstätte zu errrichten.

Doch bis zum heutigen Tage präsentiert sich der größere Teil der Christenheit als Arche der Wahrheit und als Bewahrer des Wortes Gottes – dies sogar nach Auschwitz. Das gilt für die meisten ihrer Verzweigungen. Die Kirche wäscht ihre Hände rein von ihrer Schuld und schiebt sie ihren Mitgliedern zu. Und immer gibt es irgendeine Entschuldigung, irgendeine theologische Rechtfertigung ihrer Verrätereien. Leider Gottes haben sich Kommunisten an der Macht, was diese Form der Korruption angeht, als gelehrige Schüler erwiesen.

Wäre dies doch einfach ein ungezügelter Ausbruch geistlicher Frustration, ein Hingerissensein von Schuldgefühlen! Das ist nicht der Fall! Vielmehr müssen wir uns allen Ernstes fragen, ob das Kreuz (und was es für eine weitgehend glaubenslose Welt bedeutet) noch einer Rehabilitation fähig ist. Alles, was auf den nachstehenden Seiten dieses Büchleins folgt, ist ein Versuch, sich dieser Frage zu stellen, ohne Verzweiflung aufkommen zu lassen. Können wir weniger tun, wenn wir uns vor Augen halten, daß Jahr für Jahr mehr Opfer von Hiroshima und Nagasaki leiden und sterben, doch daß die Bomber, die ihre tödliche Last über beiden Städten abwarfen, mit christlichen Gebeten auf den Weg geschickt wurden – und nicht etwa mit Gebeten um Vergebung!

Es ist etwas zu einfach, sich in das Wissen zu flüchten, daß nichts von alledem für die Heiligen und Märtyrer der christlichen Kirchengeschichte gilt, die mit Jesus lebten und starben, dem Mann der Schmerzen, armselig und öfter auch vom größten Teil der Kirche bespuckt, gefoltert und verworfen. Ohne die Berichte über sie wären wir arm dran, und ihre Bedeutung für das geistliche Leben kann gar nicht hoch genug eingeschätzt werden. Sie sind ungeheuer wichtig, wenn es die Kirche zu rehabilitieren gilt, doch es ist unredlich, von diesen Ausnahmen auszugehen und so zu tun, als ob sie die Norm wären. Beispielsweise leistete die Kirche von England im 19. Jahrhundert keinen nennenswerten Beitrag zur Sklavenbefreiung. Wilberforce und seine prophetischen Freunde gewannen ihre Schlacht *gegen* die Bischöfe und das kirchliche Establishment.

Zumindest seit der Aufklärung griff in Europa die Vorstellung um sich, daß alle Kirchen uns hereingelegt hätten. Oft behielt man diesen Gedanken für sich, manchmal aber wurde er ausdrücklich ausgesprochen. Die moralischen und philosophischen Einwände gegen die Religion im allgemeinen und gegen die jüdisch-christliche Überlieferung im besonderen sind stark und noch immer nicht ausgeräumt. Doch die Menschen haben diese Art Diskussion satt. Organisierte Religion ist noch immer im Angebot. Aber die meisten Menschen nehmen dieses Angebot lieber nicht an. Das macht sie weder zu Schuften noch zu Narren. Ist es denn das Brot des Lebens, das sie angeboten bekommen – oder sind es Steine?

Keine Gruppe von Menschen hat das Gute oder das Böse gepachtet. Die meisten haben nur aufgehört, in irgendeine Richtung zu schauen, um die Lösung ihrer Probleme zu finden. Alle Ideologien sind verdächtig. Aber wenn Gerechtigkeit, Friede und Einklang mit der Umwelt die Erfordernisse der Zukunft sind, so dürfte kaum jemand, der sich in der Geschichte auskennt, ausgerechnet von der Religion Hilfe erwarten. Nicht zufällig ist Nordirland einerseits der bei weitem religiöseste Teil Britanniens, gleichzeitig aber auch jener Teil, dessen Bevölkerung auf die brutalste Weise gespalten ist.

Es gibt einen Zweig christlicher Gelehrsamkeit, der sich Apologetik nennt. Sie ist genau das, was das Wort vermuten läßt: die Präsentation des Evangeliums im möglichst günstigen Licht. Mit anderen Worten: Es geht darum, das Christentum zu verkaufen, wobei man die besten Beweggründe voraussetzen kann. Zumindest bis vor kurzem war der Mann mit dem runden Priesterkragen für die meisten eine Art Handlungsreisender für eine der zahlreichen Spielarten des Christengottes. Doch nun, nachdem – sehr zum Mißfallen des Papstes – sogar die meisten Frontkämpfer aus den Legionen das Vatikans in Zivil herumlaufen, ist es mehr zu einer Art Herausforderung geworden, Gottes Gesandte herauszufinden.

Ein anglikanischer Bischof – er lebt heute nicht mehr – berichtete von einem dramatischen Flug von New York nach London. Fallwinde, sogenannte „Luftlöcher", begannen die Maschine heftig durchzuschütteln. In ihrer Angst, daß unmittelbar eine Katastrophe bevorstünde, sprach eine Frau mit viel zu lauter Stimme einen neben ihr sitzenden Priester an, der unerschüttert in seinem Brevier las: „Pater, können Sie denn gar nichts tun?" „Tut mir leid", lautete die Antwort, „ich bin im Verkauf tätig, nicht im Management!"

Solch eine Reaktion auf die panische Art der Fragenden war vielleicht gerade das richtige in der gegebenen Situation. Doch leider war die Antwort sehr charakteristisch für die Kirche im allgemeinen. Ihre hauptberuflichen und bezahlten Vertreter, die Geistlichen, spielen nur allzu gern die Rolle von Amateur-Verkäufern. Die Sprüche, die Gott auf kirchlichen

Schwarzen Brettern anpreisen, dürften als katzbuckelnde Werbung vollauf ausreichen. Vor allem in Großbritannien, wo man jedem Professionalismus abhold ist, halten die Kirchen sich sogar noch etwas darauf zugute, sich keine hochbezahlten Werbeagenturen leisten zu können.

Anders verhält es sich auf der anderen Seite des Atlantiks, wo man finanziellen Erfolg als Beweis der Gnade Gottes ansieht. Dort steht Gott in direkter Konkurrenz mit Disneyland – und er schneidet nicht schlecht dabei ab. Die „elektronische Kirche" blüht und gedeiht und findet vielleicht eines Tages – wie Hollywood – einen Weg ins Weiße Haus. Die traditionellen großen Kirchen – allen voran die katholische – verhalten sich nicht ganz so marktschreierisch, doch selten nur findet man die Behauptung jenes Priesters im Jet-Liner ernsthaft widerlegt, daß die Kirche tatsächlich die Verkaufsabteilung und nicht die Direktion ist. Gott selbst, davon geht man aus, ist der Generaldirektor, der alles im Griff hat. Alles menschliche Bemühen bewegt sich, günstigenfalls, auf der Ebene des mittleren Managements. Wesentliche Aufgabe der Kirche ist es, daß der Boß mit gebührendem Respekt behandelt wird: „Tief verehrt und angebetet", so lautet die korrekte Formulierung. Und es gibt unschätzbaren Lohn.

Ich bin nicht im Geschäft der Apologetik. Meine Vorbilder sind nicht die erfolgreichen Verkaufsgenies. Ja – und das macht mich vielleicht zu einem armen Pfarrer – ich bin mit voller Absicht ganz und gar nicht im Verkauf. Jesu Geschäft war es, Kranke zu heilen, die Menge zu speisen, Sünden zu vergeben, Unruhe zu stiften und Füße zu waschen. Auf der bescheidensten Ebene war er im Management tätig, um Menschen zu befreien, damit sie wirklich Mensch sein konnten. Es war sehr persönlich, hatte jedoch erstaunliche soziale und politische Konsequenzen. Die unmittelbarste davon war seine Hinrichtung aufgrund eines Gerichtsbeschlusses.

Dies könnte leicht zu einem Kult des Versagens führen, zu einer Art geistlicher Koketterie mit dem Leid. Doch auch

Geschlagensein ist kein Beweis für Gottes Gunst. Und doch war es ein durchaus scharfsichtiger Christ, der mir gegenüber einmal über eine gewisse bürgerliche Vorstadtgemeinde äußerte, die durch ungeheuren Erfolg von sich reden machte: „Man brauchte geradezu einen Heiligen als Pfarrer, um diese Kirche leer zu kriegen."

Das Neue Testament überliefert nur eine einzige Predigt Jesu, und diese auch nur in ganz groben Umrissen. Natürlich ist damit nicht die „Bergpredigt" gemeint, die eine Aneinanderreihung der charakteristischsten Aussagen Jesu ist.

Nein – Jesus war zu Hause in seiner Vaterstadt Nazaret. In der dortigen Synagoge legte er einen Text des Propheten Jesaja aus, in dem es um die Befreiung Gefangener, um die Öffnung der Augen Blinder und um die Erlösung der Gebrochenen dieser Welt ging. Die zentrale Botschaft dieser Predigt bestand darin, daß es außerhalb des wahren Glaubens Menschen gab, die den Text besser verstanden als mancher Israelit und infolgedessen dem Vater sehr viel näher waren. Voller Zorn warf die Gemeinde Jesus aus der Synagoge und versuchte, ihn umzubringen. Freilich verzögerte sich das Umbringen dann etwas, wobei man Gesetz und Ordnung ihren Tribut zollte.

Die Sitten haben sich geändert. Britische Christen östlich der Meerenge, die England von Irland trennt, würden dergleichen einem Prediger kaum antun. Sie würden einfach beiseitestehen und sich heraushalten. Viele irische Christen empfänden wahrscheinlich eher Sympathie für die Gemeinde von Nazaret. Als beispielsweise ein presbyterianischer Geistlicher das Neue Testament beim Wort nahm und eine Straße überquerte, um dem katholischen Priester des Ortes „Fröhliche Weihnachten" zu wünschen, machte ihm seine Gemeinde das Leben zur Hölle. Er fand in England Zuflucht.

Man macht sich selten klar, wie anstößig Jesus auf die Frommen gewirkt haben muß. Um heute diese Anstößigkeit zu meiden, hat man manchen seiner Lehren die Zähne gezogen. Man frage die meisten, worum es bei dem bekanntesten seiner Gleichnisse geht, und man wird immer wieder die Antwort erhalten: „für die zu sorgen, die überfallen und ausgeraubt wurden, Mitleid zu haben". Kein Jude hatte eine so elementare Belehrung nötig. Daß der Priester und der Levit, die laut Jesu Erzählung an dem Hilfsbedürftigen vorübergingen, nicht wie anständige Juden handelten, war Herausforderung genug. Doch das war nicht der entscheidende Punkt. Es ist die Frage: „Wer ist mein Nächster?", die Jesus wie folgt beantwortet: „Der Erbfeind, der Andersgläubige, der Samariter." So erweist sich der Verachtete als Held, der das Gute verkörpert, und Jesus sagt: „Geh hin und tue desgleichen!" Ist es ein Wunder, daß es dieser junge Anfänger im Predigtamt nicht weit brachte?

Was immer Golgatha unter den Aspekten der Ewigkeit und des Kosmos bedeutet – irdisch gesehen steht es für die Konfrontation zwischen der Liebe zur Macht und der Macht der Liebe. Das Ergebnis dieses Kampfes ist jetzt – wie einst – schöpferischer Schmerz. Die Welt bezeichnet es als Versagen. Deshalb werden meine nachstehenden Betrachtungen sehr weitgehend das Versagen zum Gegenstand haben – das Versagen Gottes und unser Versagen.

Nicht die Märtyrer von gestern und heute bedrücken mich. Sie geben mir Hoffnung. Mich bedrücken die Menschen, die die Macht lieben und auch der Kirche Macht wünschen, die das Kreuz benutzen, um anderen Schmerz zuzufügen, sie zu verfolgen oder gar zu töten. Allzuoft bin ich wissentlich oder unwissentlich ihr Komplize. Sie herauszufordern, kann teuer zu stehen kommen.

Nehmen wir beispielsweise die Apartheid. Seit Anfang der sechziger Jahre kenne ich diese Irrlehre. Damals war ich ein junger Vikar im Londoner East End. Father Huddleton war von seinem Orden aus Südafrika abberufen worden. In Sharpville waren Frauen und Männer, die friedlich für den Frieden demonstriert hatten, niedergeschossen worden – von hinten. Dies alles, um die „christliche Kultur“ aufrechtzuerhalten. Bischof Ambrose Reeves, vor einer Generation der „Tutu“ von damals, sammelte die Beweise, teilte sie der Weltöffentlichkeit mit und wurde verjagt.

Im *New Statesman* veröffentlichte Vicky eine Karikatur, die seitdem bei mir an der Wand hängt, um mich an eine Wahrheit zu erinnern, die nicht allein für Südafrika gilt. Ein von Schmerz gezeichnetes Gesicht, schwarz – aber es muß nicht schwarz sein – liegt auf einem Kreuz, das die Form eines Hakenkreuzes hat, jenes Kreuzes, das die Macht der Starken über die Schwachen symbolisierte – Hitlers Kreuz!

Wie so oft, hatte Hitler recht. Was viele deutsche Christen nicht wußten, wußte er: daß das wahre Kreuz die Macht untergräbt. Neben das leidende Antlitz auf dem Kreuz hat Vicky das folgende Zitat aus einer Rede des damaligen südafrikanischen Premierministers, Dr. Verwoerd, gesetzt: „Wir beabsichtigen, als christliche Nation alles zu tun, was Recht und Gesetz entspricht.“ Und unter all dem die Worte Jesu: „... denn sie wissen nicht, was sie tun“. Vicky war Jude. Er war in Berlin aufgewachsen und vor Hitler geflohen, voll der weltlichen Ideale eines jungen Sozialisten. Er gab seine Ideale nie auf und wurde der größte britische Karikaturist der Nachkriegszeit. In seinen Karikaturen, die Tag für Tag andere zum Lachen brachten, erlaubte er seiner Seele zu weinen. Er behauptete nie, Christ zu sein, doch hatte er sein Kreuz auf sich genommen und folgte dem jüdischen Schmerzensmann nach. Als eine britische Labour-Regierung keinerlei Anzeichen zeigte, daß ihr Vietnam in seiner Todesqual und Vietnams mit Napalm verbrannte Kinder am Herzen lagen, während sie eine Menge Wert darauf legte, ihre besondere Beziehung zum reichen Amerika nicht zu belasten, konnte er die Last dieses Kreuzes nicht mehr tragen und nahm sich das Leben. Die Lehrbücher der Moraltheologie lehren uns, daß Selbstmord eine Todsünde sei. Doch bleibt Vicky mein weltlicher Schutzheiliger, wenn ich mir Gedanken über das Kreuz mache, das Kreuz, das erschreckende Realität gewinnt, wenn man die Dossiers der Anti-Folterkampagnen von *Amnesty International* aufschlägt, das Kreuz, das die Reichen nach wie vor den Machtlosen und Armen auferlegen – ja auch das Kreuz, mit dem (wenn auch nicht so offensichtlich) die Gläubigen eine skeptische Welt brandmarken. Doch dies soll kein Schreckenskatalog werden. Unsere Massenmedien bieten Schrecken genug. Es soll eher eine Betrachtung von Erfahrungen sein, die ich im Laufe eines privilegierten Lebens und an Abwechslungen reichen geistlichen Dienstes gesammelt habe, der mich in viele Ecken der Erde geführt hat. Wenn meine eher prosaische Rolle einer dreizehnjährigen Tätigkeit als Pfarrer im Londoner Südosten und des zehnjährigen Wirkens als Bürokrat des Britischen Kirchenrates am Rande von Belgravia (dem vornehmsten Bezirk Londons) sich kurz auf diesen Seiten spiegelt, bedeutet das nicht, daß der Alltag langweilig und frustrierend war. Nein – diese Arbeit war für mich oft ein Quell der Freude und der Hoffnung – und manchmal Anlaß zu Verzweiflung. Dennoch habe ich meinen ausgefalleneren Erfahrungen den Vorrang gegeben, was auch meine Gemeindeglieder erwarten. Solche Erfahrungen sind nur in dem Sinne einmalig wie jede menschliche Erfahrung.

Wenn ich – mit John Wesley – sagen und empfinden konnte, die ganze Welt sei meine Parochie, so soll das doch nicht die andere Wahrheit überschatten, daß alle Schätze und alle Schrecknisse der Welt in jeder Pfarrgemeinde, ja letzten Endes in jeder Menschenseele anzutreffen sind. Wenn es von Bedeutung ist, immer daran zu denken, daß unsere Welt ein Dorf ist, so ist es noch viel wichtiger, sich klarzuwerden, daß sich in jedem Kind in jedem Dorf die unendliche Liebe Gottes und damit ein ganzes Universum verbirgt. So möge jede dieser Geschichten, jedes dieser Fragmente meines Lebens etwas von Gott in jedem Menschen und von der Politik der Liebe zeigen und nie vergessen lassen, daß jedes menschliche Erlebnis ein Fragment Gottes offenbart.

Gerechter Krieg?
Der Militärbischof und der Pazifist, ein Nachtgespräch

Vietnam öffnete mir das Tor nach Amerika – ein Krieg, den eine große Nation schließlich aufgrund einer weisen Entscheidung verlorengab. Mitte der sechziger Jahre standen die schlimmsten Kriegsereignisse noch bevor. Die ökumenische Bewegung war zutiefst beunruhigt und suchte auf jede nur denkbare Weise jene amerikanischen Christen zu unterstützen, die gegen diesen Krieg waren. Ich war damals Sekretär im Außenamt des Britischen Kirchenrates und zuständig für Ost-West-Beziehungen. „Bitte, übernehmen Sie auch Amerika!", sagte man mir eines Morgens. Ich tat es. In Wirklichkeit hieß Amerika in diesem Falle: Vietnam.

Rasch wurde eine Vortragsreihe organisiert, um das Geld für eine Amerikareise zusammenzubringen. Auch eine Konferenz über die Zukunft Indochinas wurde einberufen. Für mich war es eine Entdeckungsreise – eine Fahrt, um Amerika zu entdecken. Sie begann mitten im Sommer in Manhattan. Nicht einmal Singapur schien mir feuchter und heißer. Die amerikanische Episkopalkirche – die Anglikanische Kirche Amerikas – hat ihr Zentrum in der 7th Avenue, zwei Häuserblöcke vom Gebäude der Vereinten Nationen entfernt. Im Penthouse dieses Bauwerkes war für mich ein Gästezimmer reserviert.

Mein Amtskollege unten in seinem Büro, der für mich alles in Amerika arrangiert hatte, steckte mich in den Fahrstuhl und versicherte mir, die Hostess oben werde mir einen denkbar herzlichen Empfang bereiten. Damals kannte ich das Wort „sexistisch“ noch nicht. Doch wenn ich Gedanken hegte, die in diese Richtung gingen, so erwiesen sie sich schnell als grundlos. Eine große, warmherzige und mütterliche schwarze Frau wie aus einem Roman über die amerikanische Kolonialzeit schloß mich in ihre Arme. Sie hatte ein großes Problem. Der vorherige Gast in dem für mich reservierten Zimmer hatte beschlossen, noch eine Nacht länger zu bleiben. Ob ich nicht das Opfer bringen könnte, das Zimmer mit ihm zu teilen? „Natürlich“, erwiderte ich. „Von einem Opfer kann überhaupt keine Rede sein!“ Sichtlich erleichtert, klopfte sie an die Tür und ließ mich ein. Der andere Gast hatte sich bereits mit meinem Kommen einverstanden erklärt.

In einem eleganten Pyjama saß er in seinem Bett und las. Er gab mir die Hand und stellte sich vor. Ich nannte ihm meinen Namen (hätte sich das Ganze in England abgespielt, hätte ich vielleicht nie erfahren, wer der andere war). Sein kräftiges amerikanisches Händeschütteln sagte mir: „Es ist, das können Sie glauben, für mich eine einmalige Ehre und ein Vergnügen, Sie kennenzulernen!“ Es fühlte sich echt an, obwohl er sich ja doch gewünscht haben muß, ich käme einen Tag später. Er begann erneut zu lesen, und ich machte mich ans Auspakken meines sehr viel bescheideneren Schlafanzuges (erst später in den lockeren sechziger Jahren lernte ich, daß man ohne Schlafanzug leichter reist). Und nachdem ich mich geduscht hatte (in einem Lande, wo Duschen tatsächlich funktionieren), konnte ich endlich in das andere Bett steigen. Doch zuvor schien es mir angebracht, das zu tun, was mein Gefährte offensichtlich schon getan hatte: meine Kleider in dem Kleiderschrank aus Rosenholz aufzuhängen.

Hier schimmerte mir eine fabelhaft gearbeitete blaue Uniform voller Lametta entgegen. Unter den Sternen und anderen Rangabzeichen, die sie schmückten, glitzerte ein Kreuz, und auf der anderen Seite der Jacke ein anderes. Offensichtlich war mein Zimmergenosse ein hochrangiger Militärgeistlicher, ein hohes Tier. Tatsächlich war er, wie sich herausstellte, der zweithöchste Militärgeistliche der US-Luftwaffe. Und er war ein geistlicher Amtsbruder, Priester der Anglikanischen Kirche. Meine letzte Uniform hatte ich getragen, als ich auf der *High School* in Neuseeland Hauptfeldwebel des Kadettenkorps war. Als ich später zum Militärdienst einberufen wurde, ließ ich mich als Wehrdienstverweigerer registrieren, und seitdem war ich überzeugter christlicher Pazifist. Mein Zimmergenosse befand sich vermutlich ganz am entgegengesetzten Ende des moralischen Spektrums und war offensichtlich davon überzeugt, daß es in Vietnam und anderswo nur eine Art und Weise gäbe, mit „gottlosen Kommunisten" umzugehen. Doch ich war Gast von Amerikanern, die glaubten, dieser Krieg wäre bestenfalls ein tragischer Fehler, schlimmstenfalls ein entsetzliches Verbrechen.

Mein Vater glaubte daran, daß nichts zufällig geschieht. Lebenssituationen wie diese erste Nacht, die ich in Amerika verbrachte, gaben mir das Gefühl, daß er recht hatte. Und ich war entschlossen, mir die Gelegenheit nicht entgehen zu lassen. Nach der mehr als herzlichen Begrüßung schien mein Zimmergenosse an meiner Gegenwart auffällig uninteressiert. Doch als ich erst einmal in meinem Bett saß, brachte ich ihn dazu, sein Buch hinzulegen, indem ich ihm eröffnete, was mich nach Amerika gebracht hatte, und ohne Umschweife bat, mir seine Rolle in diesem Kriege zu erklären. „Wie stehen Sie zu den Bomberbesatzungen, die ausgeschickt werden, ganze Vietkong-Dörfer ‚hochgehen zu lassen'?"

Ich erwartete eine von zwei möglichen Antworten. Entweder – und das schien mir das Wahrscheinlichere – würde er schlicht und einfach von einem Kreuzzug gegen den Kommunismus sprechen, von einem Kampf der Christen gegen einen heidnischen Feind, der für einen Militärgeistlichen keinerlei Probleme aufwarf, oder er würde mir eine mehr intellektuelle Antwort geben, irgendeine Variante der Lehre vom gerechten Krieg, indem er diesen Krieg, wie alle anderen

Kriege, als tragischen Beweis menschlichen Fehlens hinstellte, in dem er so viel Humanität wie möglich zu erhalten suchte, die es den Kämpfenden ermöglichte, auch im Kriegsgegner noch den Menschen zu sehen, und ein Licht zu sein – das Licht Christi – mitten in der Finsternis.

Doch nichts von alledem. Obwohl ihm nicht entgangen sein konnte, daß wegen dieses Krieges ein großer moralischer Konflikt Amerika entzweite, ließ er sich darauf nicht ein. Was sich für oder gegen diesen Krieg sagen ließ, darum ging es ihm nicht. Er war von der US-Regierung als Seelsorger angestellt worden, um nach Kräften die Moral der US-Luftwaffe zu stärken. Dazu gehörte hauptsächlich, die jungen Leute von unerlaubtem Sex und von Drogen fernzuhalten. Käme er aus einer evangelikalen Ecke, dann hätte er wohl auch hinzugefügt, es wäre seine Aufgabe, seinen Fliegern Christus näherzubringen. Jedenfalls sah er seine Rolle rein pastoral. Ob Kriege gerechtfertigt waren oder nicht, dafür fühlte er sich nicht zuständig. Für so etwas gab es Regierungen. Wenn sie falsch lagen, so hatten sie dies zu verantworten.

Unser Gespräch dauerte nicht lange. Ich hoffe, er schlief danach besser als ich. Eigentlich hätte ich von der Antwort meines geistlichen Mitbruders gar nicht so verblüfft und erschüttert sein müssen. Ich wußte, wollte es mir aber nicht eingestehen, welche Welten Christen in einer und derselben Kirche voneinander trennen können, ja Priester einer und derselben Konfession. Zwischen diesem Mann und mir war eine breite Kluft im Denken. Er, das mußte ich mir sagen, verkörperte (ohne daß er wohl viel darüber nachdachte) die Haltung, die jahrhundertelang die meisten Christen vertraten: die Trennung von Seelsorge und einem Weltverständnis, das die gesamte Welt als potentielles Reich Gottes betrachtet und wonach sich in jeder Gesellschaft und in jeder Seele ein kosmischer Kampf zwischen dem inneren Licht und dem Fürsten der Finsternis abspielt.

Welten trennten mich von meinem Zimmergenossen. Wir

waren „Strangers in the Night". Ich kann nicht sagen, ob er etwas von dem Schmerz empfand, der mich um so mehr quälte, als er so liebenswürdig war wie die meisten gebildeten Amerikaner. In Wirklichkeit litt ich gar nicht so sehr unter ihm, denn eigentlich kannte ich ihn ja gar nicht, ebensowenig wie er mich kannte. Am nächsten Morgen verabschiedeten wir uns in aller Freundschaft. Niemand wäre auf die Idee gekommen, daß es zwischen uns eine Entfremdung gab. Es war das Kreuz auf seiner Uniform, das uns trennte, das Kreuz, nicht als Zeichen des Widerspruchs zur Welt der Macht getragen, sondern als Symbol einer babylonischen Gefangenschaft inmitten militärischer Insignien.

Nicht lange, und mir wurde klar, daß diese Begegnung fast überall in der westlichen Welt hätte stattfinden können. Nichts spezifisch Amerikanisches war an ihr. Unter genau den gleichen Bedingungen hatten Feldgeistliche in der Armee Hitlers gedient. Sie taten nicht mehr, als daß sie dem Kaiser gaben, was des Kaisers war, dies ohne Zweifel oft genug mit Mut und tiefer Hingabe, und sie teilten mit den ihnen Anbefohlenen Leiden und Tod. Ich hätte mich an die Gebete erinnern sollen, mit denen ein Militärseelsorger die Mannschaft des Flugzeuges verabschiedete, das die Atombombe nach Hiroshima flog. Ich hätte mich erinnern sollen, daß Gordon Zahns soziologische Untersuchung der britischen Luftwaffenseelsorger deutlich machte, daß auch die meisten britischen Militärgeistlichen meine Fragen haargenau so beantwortet hätten wie ihr amerikanischer Kollege.

Ja – ich hätte mir auch ins Gedächtnis rufen sollen, daß sogar in der Sowjetunion, wo die Russisch-Orthodoxe Kirche jahrelang blutig verfolgt worden war, Stalin sich dieser Kirche erinnerte und sie wiederherstellte, um während des Zweiten Weltkrieges seine Bemühungen, das Vaterland zu retten, von ihr mittragen zu lassen. Junge Christen in der Sowjetunion, die in der Roten Armee dienten, wußten ihre Kirche voll hinter sich. Gerne wird heute im nachkommunistischen Rußland die Kirche wieder die Streitkräfte des Mutterlandes segnen und versorgen.

Kurz – ich hätte wissen sollen (und wußte es ja auch), daß das Kreuz im Herzen der Kirche eine ungelöste Streitfrage zwischen denen ist, die die Kirche als eine Art von Dienstleistungsunternehmen für die Welt und ihre Institutionen sehen und jenen anderen, die die Kirche, den Leib Christi, als eine radikale Alternative zu diesen Institutionen sehen.

Allerdings kann die Antwort fast sicher nicht darin bestehen, sich ausschließlich für eine dieser Alternativen zu entscheiden und die andere zum Irrglauben zu erklären. Sie liegt vielmehr darin, mit den bisweilen nahezu unerträglichen Spannungen zwischen ihnen zu leben, zwischen den beiden Strängen des Neuen Testaments und der kirchlichen Überlieferung. Wenn Gott „so sehr die Welt geliebt" hat, dann sandte er nicht seinen Sohn, um sie zu bekämpfen. Doch weil er den Konflikt mit den Mächten der Finsternis nicht scheute, wurde er ihr Opfer.

Hätte ich meinen Zimmergenossen in jener ersten Nacht in Manhattan gefragt, er hätte zweifellos Bewunderung für Martin Luther King geäußert – oder? Denn erst nach seinem Tode fand Martin Luther King nahezu allseitige Anerkennung, vorher nicht. Dr. King war es, der in einer seiner Predigten gesagt hatte, es sei weder Aufgabe der Kirche, dem Staate untertan zu sein noch ihn zu beherrschen, sondern das Gewissen des Staates zu sein – kein leichter Dienst. Sie respektiert und betet für die Fürstentümer und Mächte dieser Welt, ist aber nicht ihr starker geistlicher Arm. Mit der gesamten Menschheitsfamilie, mit all ihren sozialen und politischen Ausprägungen befindet sie sich in kritischer Solidarität. Ja, die Kirchen selbst gehören zu diesen Strukturen und sind weder erheblich besser noch schlechter als die Welt, in der sie leben.

Das ist vielleicht für Christen am schwersten zu begreifen. Die Einzigartigkeit der Frohen Botschaft verhilft denjenigen, die an sie glauben, nicht zu einzigartiger Weisheit, einzigartiger Güte oder zu der Macht, das, was ist, so zu verändern, daß es wird, was es sein sollte. Die christliche Kritik an der Welt kommt nicht aus moralischer oder geistlicher Überlegenheit, sondern aus gemeinsamer Verantwortung und gemeinsamer Schuld. Einzigartig an den Glaubenden ist lediglich - so zerbrechlich ihr Glaube auch sein mag - das Bewußtsein der Gnade Gottes und eines Gottes, der an der Gebrochenheit der Welt Teil hat, der von der Welt in den Tod getrieben wird und uns im Tode und über den Tod hinaus Leben zusichert. Wenn alles sonst seinen Sinn verloren hat, dann ist Gott, den wir irgendwie in menschlicher Form als Liebe empfinden, all der Sinn, all der bleibende, ewig währende Sinn, den wir brauchen.

Wenn es zutrifft, daß kritische Solidarität mit uns selbst und mit allen Erscheinungsformen des menschlichen Lebens das Wesen der Kirche am besten kennzeichnet (denn dies gilt auch für Gottes Beziehung zu uns), dann bleiben fraglos an zahlreichen Punkten verschiedene Auffassungen darüber möglich, was dies im Alltagsleben bedeutet. Hat man diese Spannung erst einmal grundsätzlich akzeptiert, so liegt hier der Bereich für einen fruchtbaren Dialog innerhalb der Kirche. Die herkömmlichen konfessionellen Mauern zwischen den Kirchen sind für diese Spannungen völlig belanglos. Sie gehören eigentlich zur Vergangenheit und sind heute ein sinnloser Störfaktor, der schleunigst durch Verhandlungen behoben werden müßte oder einfach ignoriert. Denn Spaltungen dieser Art sind ein Hindernis für den Umgang mit dem, worauf es im letzten wirklich ankommt - mit Gottes realer Welt.

In zwei wesentlichen Punkten unterschied ich mich von dem Mann im eleganten Pyjama. Der eine Punkt erschien mir besonders wichtig: meine Überzeugung, daß Christ sein bedeutet, mit tiefgehenden Widersprüchen zu leben, die bis zum Kern des Glaubens gehen und deren Symbol der Menschensohn ist, der am Kreuz stirbt. Die Kreuzigung selbst, wenn sie das Herzstück der Heilsgeschichte ist, versieht den Glauben an einen liebenden Vater mit einem großen Fragezeichen. Wenn Abraham schließlich Isaak nicht opfern mußte, warum mußten dann das blutige Schauspiel auf Golgatha und all die Golgathas unserer Welt bis zum bitteren Ende gespielt werden? Der Mann, der das Problem des Kreuzes an seiner Uniform nicht erkennt, erkennt das Problem des Kreuzes überhaupt nicht.

Der andere trennende Punkt war zweitrangig aber offenkundig: Der Militärgeistliche war kein christlicher Pazifist, ich dagegen bin es. Ich mute niemandem diese Entscheidung als Dogma zu – nicht einmal als absoluten moralischen Wert, sondern als eine Methode, das Böse in der Welt auf christliche Weise zu bekämpfen. Meine Option läßt sogar eine ganze Reihe von Problemen ungelöst. Zwar machen es die Theologie des Neuen Testamentes und das Zeugnis der Urchristen leichter, Pazifist zu sein als das Gegenteil, doch ist schließlich meine Überlegung sehr viel einfacher und erfordert weit weniger Gelehrsamkeit: Ich kann nicht gleichzeitig meinen Feind lieben und mich dennoch – wie es der Krieg verlangt – darauf einstellen, ihn zu töten. Schließlich muß es stets eine nicht-militärische Option geben, wenn der Apostel Paulus die Gemeinde in Rom auffordert, sich nicht vom Bösen überwältigen zu lassen, sondern das Böse mit Gutem zu überwinden.

Doch da der Sündenfall Realität ist und die Macht der Sünde groß, überrascht es nicht, daß die anspruchsvolle Ethik des Mahatma Gandhi nicht überall unter Christen ungeteilte Zustimmung findet. Ich bin aber auch traurig über meine pazifistischen Glaubensgenossen, die leichten Herzens oder gar voller Verachtung die Lehre vom gerechten Krieg rundweg von der Hand weisen.

Es fällt gar nicht schwer, den gerechten Krieg zu rechtfertigen – theoretisch. Die Tragödie der Kirche besteht jedoch darin, daß sie im allgemeinen ihre eigenen Regeln, ihre eigenen sorgfältig abgewogenen ethischen Kriterien mißachtete und einfach davon ausging, unser Krieg sei schon deshalb gerecht, weil es *unser* Krieg ist. Mehr als einmal gingen beide Kriegsgegner von dieser Voraussetzung aus, was offensichtlicher Unsinn ist. Tatsächlich verdienen sowohl dem Anlaß als auch der Durchführung nach nur sehr wenige Kriege die Bezeichnung „gerecht" im Sinne der klassischen Theologie. Doch da im Atomzeitalter kein Krieg zwischen großen Nationen gerecht bleiben kann, stellt sich die gesamte Frage heute neu. Die ethisch-politische Debatte dreht sich nun um die Frage, wie Krieg zu vermeiden ist.

Doch nicht darüber war die amerikanische Nation zerstritten, als ich dort war. Vielmehr war es sehr beeindruckend, wie sich das amerikanische Volk der Frage stellte: wie können wir diesen ungerechten Krieg beenden? – und wie die Kirchen halfen, darauf eine Antwort zu finden. Eigentlich etwas fast einmaliges. Auf der Suche nach einer Antwort ging ich zuerst zum Haus der *Catholic Worker* Bewegung. Hier unter den Arbeitslosen, den Fixern, den Ärmsten der Armen New Yorks hatten Dorothy Day und ihre Freunde seit der Depression der dreißiger Jahre ein offenes Haus geschaffen. Viele Jahre hindurch war ihre Zeitung Monat für Monat für mich ein lebendiger Beweis, daß der Geist des heiligen Franz von Assisi in New York weiterlebte. Der *Catholic Worker* kostete 1938 und kostet noch immer 1 Cent!

Welten trennten „mein" Penthouse von Dorothy Days einladender Suppenküche, wo es keinerlei Barrieren gab, wo man Universitätsprofessoren und die zwielichtigsten Gestalten mit gleichem Respekt behandelte. Hier brauchte man nicht mehr über Vietnam zu debattieren. Als ich abends eintraf, ging es darum, wie man in den USA durch Gebet und Tat dazu beitragen könnte, die Apartheid in Südafrika zu beenden. Die meisten amerikanischen Christen begannen erst zwanzig Jahre später darüber nachzudenken, daß sie etwas damit zu tun haben könnten.

Und hier hörte ich erstmals von den erstaunlichen Brüdern Berrigan. Binnen kurzer Zeit wurde Daniel, ein Dichter, Politiker, Lehrer, Clown und Jesuit, mein Freund. Seine schlichte, doch anspruchsvolle Offenheit machte die Freundschaft mit ihm ebenso leicht wie herausfordernd. Nicht der amerikanische Super-Händedruck kam von ihm, sondern die direkte Frage: „Bruder, willst du mit uns pilgern?" Gott weiß, wo diese Pilgerschaft enden würde. Für Dan und viele seiner Freunde führte der Weg nicht selten durch das eine oder andere Gefängnis. Seine „Notizen aus dem Untergrund und Briefe aus dem Gefängnis von Danbury" wurden unter dem Titel *America is Hard to Find* („Amerika läßt sich schwer finden") veröffentlicht. Wohlgemerkt empfand ich Amerika – und nicht nur das eine Amerika – als ein solch offenes Land, daß man es, mit anderen Ländern verglichen, sehr leicht finden kann und daß es sowohl leicht zu lieben als zu hassen ist.

Die Konferenz, deretwegen ich nach Amerika gereist war, sollte in der Nähe von Washington D. C. stattfinden. „Also sehen wir uns dann dort!", sagte Dan in seiner gewinnenden Art. Er gab mir exakt Zeit und Ort an. Es war keineswegs ein Versteck für Dissidenten oder eine Herberge für arme Menschen, sondern eines der elegantesten Washingtoner Hotels. Hier sollte Daniel von den katholischen Hilfswerken Amerikas den Papst Johannes XXIII. Friedenspreis entgegennehmen. Es handelt sich hier um konservative Vereine amerikanischer Katholiken. Dennoch – wem, wenn nicht Dan, welchem anderen amerikanischen Katholiken hätten sie diesen Preis verleihen können?

Es war ein glanzvolles Ereignis für das katholische Washington. Ja – bei dem festlichen Empfangsessen hatte man für mich einen Platz reserviert. Doch zur angegebenen Zeit waren Pater Daniel und seine Begleiter noch nicht aus New York eingetroffen. Als sie dann doch auf höchst dramatische Weise erschienen, hätte der Kontrast zwischen den Wartenden und den soeben Eingetroffenen gar nicht größer sein können. In einem alten, klapprigen Bus tauchte Dan auf, und mit ihm das arme Amerika, das andere Amerika. Charlie Chaplin hätte diese todernste Farce gut spielen können.

So, wie das bei derartigen Gelegenheiten wohl gang und gäbe ist, führte ein sorgfältigst gekleideter Bischof bei diesem Essen den Vorsitz. Er tat es mit Charme, einigem Humor und etwas gezierter Eleganz. Nun hatte Pater Daniel an seiner Seite seinen hohen Platz inne. Alles andere als korrekt gekleidet (wenn mich meine Erinnerung nicht arg täuscht), wurde er nun aufgefordert, den Festvortrag zu halten. Er war – wenn auch in Prosa – reinste Poesie. Meine Antennen erfaßten ihren Sinn nur bruchstückweise. Der Bischof bekam das ernüchternde Kompliment, daß ein gnädiger Gott sogar Raum fände für in Purpur gekleidete kirchliche Würdenträger. Ihnen käme einfach die bescheidene Aufgabe zu, die kirchliche Maschinerie zu ölen, damit andere sich dann die Freiheit leisten könnten, Kirche zu *sein.* Dan sagte noch einiges mehr in dieser schelmischen Tonart. Viele der Anwesenden waren wohl innerlich viel zu weit von dem Redner entfernt, um ihn überhaupt begreifen zu können. Es war ein wenig wie damals, als Jesus in der Synagoge seiner Vaterstadt predigte. Allmählich begann mir der Bischof leid zu tun. Ihm selbst ging es wohl ähnlich. Als es zur Preisverleihung kam, wirkten sein Humor und sein Charme etwas gezwungen. Der eigentliche Augenblick der Wahrheit kam erst ganz am Schluß. Der Bischof beschloß seine Rede damit (wie denn auch sonst?), daß er den Anwesenden den Segen des Heiligen Vaters zu übermitteln habe. Doch sollte er es wirklich nach allem, was er gehört und halb verstanden hatte? Paßte es da noch? Er wußte es nicht. So ging er auf Nummer Sicher und verkündete den Versammelten: „Ich übermittle Ihnen den Segen des Heiligen Vaters – bedingt ..."

Ich konnte Daniels Gesicht nicht sehen. Immerhin brach er nicht in lautes Gelächter aus. Und es gab keinen Riesenbildschirm, auf dem man Gott unter Tränen lachen sah. Bilder aus einem himmlischen Videoarchiv standen nicht zur Verfügung. Das hier war ein echtes Stück Kirchengeschichte. Die Kraft des Geistes und ein Kirchenregiment treffen aufeinander, und alle Kommunikation bricht zusammen.

Ich fand sehr wichtige Bruchstücke Amerikas, Fragmente eines sehr lebendigen Mosaiks. Weit davon entfernt, mich durch das soeben geschilderte Erlebnis zu zynischen Bemerkungen über die katholische Hierarchie oder die amerikanische Gesellschaft hinreißen zu lassen, ist mir klar, daß es in den Jahren darauf zu echten geistlichen Begegnungen kam. Vielleicht sogar, wie ich fast vermute, an jenem Abend. Wenn es nicht so wäre, hätte Amerikas katholische Bischofskonferenz kaum ihren prophetischen Hirtenbrief über die Atomwaffen und die moralischen Konsequenzen des amerikanischen Wirtschaftssystems veröffentlicht.

Unerheblich ist dabei, ob – wie beispielsweise in den Vereinigten Staaten – formal Trennung zwischen religiösen Institutionen und dem Staat besteht, oder ob, wie in Großbritannien und anderen Teilen Westeuropas, die alten Formen des Zusammenlebens von Staat und Kirche fortexistieren. In der Praxis sind die Kirchen fast überall darauf angewiesen, im Wettbewerb mit anderen Kräften so laut wie möglich ihre Stimme zu erheben. Die Versuchung, die Gesellschaft zu bevormunden, ist im Abklingen. In dieser säkularisierten Situation haben die Kirchenführer eine außerordentlich komplexe Aufgabe, die eine Fülle schöpferischer Möglichkeiten in sich birgt. Die größte Verlockung besteht für sie darin, sich an die Mitte zu klammern, dabei aber sowohl mit radikalen Basisgruppen als auch mit dem soliden Stamm der Konservativen im Gespräch zu bleiben. Allerdings braucht man seine Phantasie gar nicht sonderlich anzustrengen, um sich vorzustellen, daß Jesus im frühkaiserzeitlichen Jerusalem des ersten Jahrhunderts kaum als „gemäßigt" gegolten haben dürfte. „Gemäßigte" werden nicht verhaftet, gefoltert, vor Gericht gestellt und hingerichtet. Jedenfalls nicht normalerweise. Daniel Berrigan wußte sehr wohl, daß Bischöfe und ihresgleichen selten die Jesus-Rolle spielen. Vielmehr ist diese wirklich Menschen vorbehalten, die reif und doch auch unreif genug sind, sich um Christi willen zum Clown, zum Hofnarren, zum dummen August zu machen. Wenn, was sehr selten geschieht, ein hohes Amt und hohe Risikobereitschaft Hand in Hand gehen – so wie in Südafrika im Fall des Erzbischofs Tutu –, kann man fast schon von einem Wunder sprechen.

Doch tatsächlich geschehen solche Wunder immer wieder. Der Heilige Geist läßt sich nicht programmieren. Er ergriff Besitz von einem sonst eher übervorsichtigen, umsichtigen Erzbischof von Canterbury, der sonst eigentlich alles zwanzigfach abwägt, um das seelisch verschlafene britische Establishment wachzurütteln, das den Verstand verloren zu haben schien nach dem gewonnenen Falkland-Krieg. Er hielt eine „Sieges"-Predigt, die jegliche nationalistische Überheblichkeit, jeden aufschäumenden Chauvinismus in Schranken wies, dafür aber Bußfertigkeit und Mitleid in den Mittelpunkt stellte – dies ganz sanft, aber mit Autorität.

Zwei Jahre nach der Preisverleihung in Washington traf ich Daniel Berrigan wieder, der nun Seelsorger an der Cornell Universität war. Von rein verbaler Kriegsgegnerschaft war er zu symbolischen Akten zivilen Ungehorsams übergegangen. Erst einmal tauchte er unter, blieb im Untergrund, bis er es für richtig hielt, sich der Polizei zu stellen. Sowohl während seiner Lehr- und Predigtreisen im Untergrund, als auch später im Gefängnis zusammen mit seinem Bruder Philipp, der gleichfalls Priester war, wurde er zu einem der bedeutendsten „geistlichen" Ratgeber Amerikas. Und keine seiner Schriften spricht eine klarere Sprache als sein Brief über die Nachfolge Christi heute, den er am 10. April 1970 an seine jesuitischen Ordensbrüder schrieb. Nachstehend gebe ich eine kurze Zusammenfassung:

In dieser Woche jähren sich die Todestage von Dietrich Bonhoeffer (1945) und Teilhard de Chardin (1955). Es ist die

Woche, in der wir, die Übeltäter von Catonsville, von Staats wegen aufgefordert werden, Gefängnisstrafen anzutreten. Niemandem von uns muß man erklären, daß die Zeiten alle – bis auf die Stärksten – in Verzweiflung stürzen. Doch was diesen Punkt angeht, so bleibt meine Hoffnung unerschütterlich. Ich hoffe, daß wenigstens eine kleine Anzahl von uns Jesuiten in den kommenden Jahren zusammenbleibt, um eine neue Bruderschaft des Bekennens zu bilden, eine Gemeinschaft, in der Menschen anderen Menschen die Wahrheit sagen, in der wir ein reines Leben führen, rein von unmenschlichen Trieben des Egoismus, des Zeitgeistes, des Ehrgeizes und der Todesangst. Eine Bruderschaft, die nur noch eine einfache, doch verlorene Kunst kennt: das Evangelium zu lesen und nach dem Glauben zu leben.

Viele führende Persönlichkeiten unserer Kirchen sind sehr erfolgreich gegen Christus und den Heiligen Geist geimpft. Von solchen Männern hat man nichts zu erwarten, außer daß sie das Wort Gottes mehr und mehr ersticken. Doch in Wirklichkeit geht es ja gar nicht um die Bekehrung von Kardinälen oder Präsidenten, sondern um die Bekehrung jedes einzelnen von uns.

Die meisten von uns sind geradezu besessen von dem Gedanken, daß Veränderung unvermeidbar ist. Wir sprechen von ihr voller Überzeugungskraft, wir greifen nach neuen Formen und Stilen. Und doch bleibt der Verdacht, daß wenige von uns den Mut haben, unsere Leidenschaft für moralische Veränderungen an der Bereitschaft zu messen, das zu opfern, was uns am meisten am Herzen liegt: unseren guten Namen, unsere Bequemlichkeit, unsere Sicherheit und unseren beruflichen Status.

Und doch ändert sich nichts, solange diese Dinge nicht aufs Spiel gesetzt werden. So sagt es das Evangelium, und so sagen es die Erfordernisse dieser Zeit. Wenn nicht die Schmerzensschreie der Kriegsopfer, das Weinen der Entrechteten, der Gefangenen, der hoffnungslos Armen, derer, die aus ihrem

Gewissen heraus Widerstand leisten – wenn nicht die Schreie und das Weinen der Welt unsere Ohren erreichen und wir nicht unser Leben und unseren Tod am Leben und am Tode anderer messen, ändert sich nichts. Am wenigsten wir selbst: Wir stehen wie Stöcke und Steine herum, verstehen weder den Sinn der Geschichte noch den Schrei dessen, der zugleich Herr und Opfer der Geschichte ist.

Für mich ist das seit damals mehr als ein leidenschaftliches Manifest, das zum Widerstand gegen den Zeitgeist aufruft, nämlich ein Glaubensbekenntnis, an dem ich – voller Furcht – mein eigenes Leben zu messen habe. Daniel setzte darunter: *Ich bitte um Eure Gebete, damit mein Bruder und ich und alle, die sich ganz am Rande befinden, treu und gehorsam bleiben mögen. In guter Laune und Euch stets zur Seite: Daniel Berrigan.*

Später, noch immer im Untergrund, begann er seine bedeutendste Prosadichtung abzufassen: „Die Passion Dietrich Bonhoeffers."

Gesetz oder Evangelium?
An einem Sterbebett

Gegen Ende der sechziger Jahre, des letzten Jahrzehnts, in dem London sich noch dem Mittelpunkt des Universums nahefühlte, bot mir John Robinson, der Bischof von Woolwich, der mit seinem Buch *Honest to God* („Gott ist anders“) so viel Wirbel in der selbstgefälligen Kirche von England verursacht hatte, eine Tätigkeit in „seiner“ Ecke Londons an. Er hatte das kleine Häuflein der Gläubigen in der Himmelfahrtskirche von Blackheath überredet, mich als Pfarrer der Gemeinde einzustellen, mit einer ganzen Reihe zusätzlicher Verpflichtungen. Dartmouth Row war gegen Ende des 17. Jahrhunderts vom Earl of Dartmouth angelegt worden, um für die Offiziere der Marineakademie in Greenwich Unterkünfte zu schaffen, und sah noch immer so aus, wie man seinerzeit derartige Straßen anlegte. Die noch in ihrer ursprünglichen Gestalt von 1697 erhaltene Kirche war die Privatkapelle des Grafen gewesen. Wahrscheinlich ging sie sogar auf einen Entwurf Christopher Wrens zurück. Das einzige Gemeindeglied, das ich schon kannte, war der ziemlich umstrittene konservative Publizist John Grigg, der als Lord Altrincham (ein Adelstitel, auf den er später verzichtete) behutsame Kritik am Haushalt der Königsfamilie geübt und eine beträchtliche Anzahl von braven Presseleuten entsetzt hatte.

Die meisten Menschen aber, die zu dieser kleinen Pfarrei gehörten, waren Bewohner der ärmsten Wohnsiedlungen Großlondons. Prominente – der Chefredakteur der *Times* war gerade ausgezogen – wohnten nicht weit von den Ärmsten. Sie bewohnten aber getrennte Welten, trafen sich nie. Viele Durchschnitts-Kirchgänger des Mittelstands gab es nicht. „Freiheit“ war das Losungswort der Predigt, die der Bischof bei meiner Einführung hielt, eine farbenfrohe ökumenische Feier. Meine Aufgabe war, einer kleinen anglikanischen Gemeinde im Londoner Südosten das Wort von der „herrlichen Freiheit der Kinder Gottes“ nahezubringen. Mein Vorgänger war ein streng nach den Paragraphen lebender Kirchenmann gewesen, bei dem alles seine Ordnung haben mußte. Allgegenwärtig war die Seefahrertradition. Seeleute hatte ich stets gemocht. Mir wurde ins Gedächtnis gerufen, daß im nahen Deptford einst der russische Zar Peter der Große gelernt hatte, wie man Schiffe baut. Greenwich war voller Seefahrtsgeschichte. Der Inhaber eines Lehrstuhls für dieses Fach war unser Nachbar. Ich hatte keinen festen Plan. Doch begann ich meine Tätigkeit in der Überzeugung, daß während der zehn Jahre, die ich in dieser Pfarrei zu bleiben beabsichtigte, Offenheit gegenüber Gott und der Welt das Leben des Pfarrsprengels auszeichnen sollte. Für mich selbst, aber auch für meine Frau und unsere vier Kinder wurden daraus dreizehn lohnende Jahre – so lohnend, wie wir es selbst nicht vorausgesehen hätten. Anläßlich meiner Amtseinführung komponierte und sang der Liedermacher Sydney Carter sein Lied von der Unmöglichkeit, den Heiligen Geist in irgendeiner Kirche gefangenzuhalten:

Der Himmelsvogel

Fang den Himmelsvogel, schließ in Gold ihn ein,
Siehe nach ihm morgen, fortgeflogen wird er sein.
Ach – der Himmelsvogel! Folg ihm, wo er fliegt,
Möchtest du ihn finden, ziehe, wo er zieht.
Schließ in Religion ihn, bringe Goldes Schein,
Weihrauch ihm und Myrrhen – fortgeflogen wird er sein.
Bau ihm Marmortempel, gib ihm goldne Zier,

Glocken, Bibel, Kerzen, doch er bleibt nicht hier.
Glocken, Bücher, Kerzen halten ihn nicht fest,
Weiter fliegt der Vogel, bleibt nicht in dem Nest.
Ach, der Himmelsvogel! Folg ihm, wo er fliegt,
Möchtest du ihn finden, ziehe, wo er zieht!

Es war nicht allzu schwierig, den Pfarrgemeinderat zu überreden, die Haupteingangstür der Kirche ständig geöffnet zu halten, ihre Holzflügel durch Glasplatten zu ersetzen und die ganze Nacht den Altarraum zu beleuchten. Bald sprach sich dies herum. Die Kirche wurde zum provisorischen Obdach für viele, besonders im Winter. Für Albert, unseren „Penner mit festem Wohnsitz“, wurde sie es für sieben Jahre. Am Ende meiner dreizehnjährigen Amtszeit hatte ich die Skeptiker und Ängstlichen davon überzeugt, daß das alles erträglich war. Nichts Schlimmeres als geklaute Leuchter und gelegentlich eine Kanzel, die als Klo gedient hatte!

Natürlich mußten wir im Pfarrhaus gegenüber unseren Preis zahlen. Am meisten zahlte Lore, meine Frau. War sie doch für sämtliche menschlichen Problemfälle da, die ihren Weg in die Dartmouth Row fanden. Doch in so mancher Winternacht hatte ich in meinem prächtigen viktorianischen Pfarrhaus ein schlechtes Gewissen, das mir den Schlaf raubte. „Gottes Haus“ stand allen offen. Unser eigenes Haus dagegen war, bis auf wenige Ausnahmen, für alle verschlossen. Die wahrhaft offene Kirche, die Kirche der offenen Herzen, Hände und Häuser der Kinder Gottes, sie war noch eine ferne, ferne Vision. Noch immer bestand zwischen der Frohen Botschaft, die wir predigten, und dem Leben, das wir führten, eine enorme Glaubwürdigkeitslücke.

Wenn unsere Gemeindeglieder in ihrem Bestreben, Gottes Offenheit in die irdische Wirklichkeit umzusetzen, wenigstens merkten, daß wir nur als erlöste Sünder weiterleben können, dann wäre dies immerhin ein Anfang, auf den wir bauen könnten. Schon in der ersten Woche meiner Amtszeit wurde meine neue „Politik der Offenheit“ – das heißt mein Versuch, die Frohe Botschaft vor das Gesetz zu stellen – auf eine harte Probe gestellt. Sehr spät abends läutete es an der Tür. „Darf ich hereinkommen?“ John war im Staatsdienst und wohnte um die Ecke. Ein Kirchgänger war er nicht. Wir hatten uns nie zuvor gesehen. „Herr Pfarrer! Trauen Sie uns, bitte, wenn möglich schon morgen! Ich bin gerade mit meiner Scheidung durch. Nun kann ich wieder heiraten, aber meine Lebensgefährtin liegt im Krankenhaus. Sie hat Krebs im letzten Stadium. Bitte, erfüllen Sie ihren letzten Wunsch!“

Die komplizierte kirchliche und staatliche Ehegesetzgebung war für mich ein Buch mit sieben Siegeln. Ich hatte keinerlei Vorstellung davon, wie ich mich in diesem Falle zu verhalten hatte. Ich versprach, ich würde es am nächsten Morgen klären. In meinem Herzen aber wußte ich schon ganz genau, was ich tun würde.

So viel war mir bekannt: Man hatte uns Geistliche angewiesen, uns nicht mit einer kirchlichen Wiederverheiratung Geschiedener einverstanden zu erklären. Gewiß – ich sagte mir, daß das in diesem Fall wohl nicht zutraf. Doch das war ein Irrtum. Ich befand mich auf Kollisionskurs mit dem Kirchenrecht, oder besser: mit der kirchlichen Interpretation des geltenden Rechtes. Das Recht unseres Landes hätte mir gestattet, das Paar in der Kirche zu trauen. In England ist der Pfarrer zugleich Standesbeamter. Standesamtlich durfte ich die kirchliche Weisung, es nicht zu tun, ignorieren. Aber erschwerend kam hinzu: Eine Trauung in einem Krankenhaus war, rechtlich betrachtet, noch etwas ganz anderes. Nur mit ausdrücklicher Sondergenehmigung des Erzbischofs von Canterbury konnte ein Paar außerhalb einer eigens dafür vorgesehenen Stätte heiraten.

Also zur Rechtsstelle des Erzbischofs in der Hoffnung, Sondererlaubnis zu bekommen. Die Antwort war ein glattes „Nein“. Der Erzbischof könne eine solche Genehmigung keinem Geschiedenen erteilen, wenn dessen früherer Partner noch lebe. „Kann nicht oder will nicht?“, fragte ich. Was er persönlich für richtig hielt, wurde nicht verraten. Aber angesichts dessen, was die Kirche über die Ehe lehrte, sei seine Position klar. Ich bestand darauf, er solle persönlich entscheiden. Er hatte zwar Urlaub, doch die Angelegenheit wurde ihm überbracht. Wie, blieb unklar. Noch immer blieb die Antwort das kategorische „Nein“. Ein einzelner Priester könne die Sache eher diskret erledigen, aber der Erzbischof dürfe die Regeln nicht übertreten, die er anderen vorzuschreiben hat. Mir waren ganz und gar die Hände gebunden. Auf gar keine Weise konnte ich das Paar legal trauen. Doch kämen wir nicht zu demselben Ziel, wenn ich ein bürgerliches Gesetz anwandte? Eine bloße standesamtliche Trauung, die ich dann segnete! Nicht einmal das ging. Seit dem Mittelalter hatten sich Recht und Gesetz nicht verändert. Die Kirche hatte alles getan, um sich das Monopol nicht aus der Hand gleiten zu lassen, das der erzbischöfliche Justitiar verwaltete.

Ich ging zu John zurück und überbrachte ihm die schlimme Nachricht. Allerdings war ich bereits entschlossen, notfalls keinerlei Rücksicht auf Paragraphen zu nehmen. Für mich gab es keinen Zweifel, was meine Pflicht als Mensch, der Mitleid empfand, und als Priester war. Hinzu kam mein Gerechtigkeitssinn. Das Gesetz war, wie man auf englisch sagt, ein Esel. Es sprach jedem Rechtsempfinden Hohn. Wären die beiden, die die Trauung begehrten, nur gesund gewesen, so hätten sie jederzeit standesamtlich oder, wenn ich es gestattet hätte, in meiner Kirche heiraten können.

Mag sein, daß das Gesetz weder Erbarmen noch Gerechtigkeit kannte. Das wollte ich nicht mitmachen. Also (es war nun schon der dritte Tag) informierte ich meinen Diözesan-Bischof. Dieser hielt mit der eigenen Meinung zurück, sagte schlicht, ich müsse meinem Gewissen folgen. Dies war schließlich eine Antwort, mit der ich etwas anfangen konnte. So fand die Hochzeit im Hither Green-Hospital statt, und Krankenschwestern waren die Trauzeuginnen. Der letzte

Wunsch eines Menschen war erfüllt worden. Die Frau lebte keinen Tag länger. In Gottes Augen, in meinen, in denen der Braut und des Bräutigams war es eine wirkliche Hochzeit. Aber ich wußte: Nach dem Gesetz starb die Braut als Unverheiratete. Ihr Gatte wandte sich an den obersten Standesbeamten des Stadtbezirks, um die Verstorbene als verheiratet zu registrieren. Immerhin erwies ihr schließlich der Staat nach dem Tode jene Barmherzigkeit, die die Kirche ihr vorenthalten hatte, als sie noch lebte.

Diese Erfahrung hatte einen gewaltigen Einfluß auf meine weitere Amtsführung. Sie war für mich ein wichtiges, sehr charakteristisches Zeichen dafür, was die Kirche jahrhundertelang den Menschen mit ihrer tödlichen Paragraphenreiterei angetan hat. In diesem Fall opferte man die Liebe, die zwei Menschen füreinander empfanden, der Aufrechterhaltung eines rein theoretischen Prinzips. Ich hatte dazugelernt. Ich hatte erfahren, wie leicht es die Kirche hat, Menschen „aufs Kreuz zu legen", anstatt ihnen zu helfen, die Kreuze zu tragen, die es zur Genüge gibt.

Diese Heirat und – so wie die Dinge lagen – das sich anschließende Begräbnis der Braut bedeuteten aber noch nicht das Ende dieser Geschichte. Denn sie erhellt die enge Beziehung, die zwischen Einzelperson und Politik besteht, zwischen menschlichen Bedürfnissen und Hoffnungen sowie der Fähigkeit des Gesetzes, diesen Bedürfnissen gerecht zu werden (oder sie zu enttäuschen). Der nächste seelsorgerische Schritt, den ich also zu tun hatte, bestand darin, eine Gesetzesänderung zu bewirken, damit kein anderer Pfarrer mehr in das gleiche Dilemma geriete wie ich.

Deshalb sorgte ich dafür, daß von dieser Sache so viele Persönlichkeiten erfuhren wie möglich. Vor allem mußten es Menschen sein, die etwas bewirken konnten – weil sie, zum Beispiel, dem Parlament angehörten. Ein Parlamentsbeschluß erschien mir als einzige Möglichkeit, in dieser Angelegenheit voranzukommen – ein Beschluß, der den Standesbeamten Vollmachten gewährte, wie sie bisher einzig und allein die Kirche besessen hatte. Und genau das geschah. Ein Parlamentsmitglied vom äußersten rechten Flügel, ein Mann, der selbst Schiffbruch mit der Ehe erlitten hatte, begriff sofort, worauf es ankam und tat, was getan werden mußte. Es war mir recht, in diesem Fall mit jemandem zusammenzuarbeiten, mit dem ich mich in fast allen anderen Fällen in die Haare gekriegt hätte.

Den Staat in diesem Punkte zu Reformen zu veranlassen, war sehr viel leichter, als in der Kirche etwas zu bewegen. Es gehört zu den frustrierendsten Erfahrungen, die man als Mitglied der Generalsynode - des Parlaments - der *Church of England* haben kann, Jahr für Jahr an tage- und wochenlangen Debatten über die Neuordnung der Ehegesetzgebung teilgenommen zu haben. Ein von Gelehrsamkeit strotzender Bericht nach dem anderen erweckt zwar den Eindruck von Reformfreudigkeit, doch keiner davon bringt etwas.

Im wesentlichen geht es bei der Debatte fast ausschließlich darum, ob jemand, der schon einmal in einer Kirche getraut wurde, dort auch einen neuen Partner heiraten kann, wenn die erste Ehe gescheitert ist. Nein, sagen die Rigoristen. Dies würde die Eheversprechen entwerten, die bei der ersten Trauung geleistet wurden. Sollen die beiden doch staatlich getraut werden! Der Priester kann ja, wenn ihm danach ist, die standesamtliche Ehe segnen. Damit ignoriert man natürlich, daß weder die Kirche noch der Staat das Paar verheiraten. Es sind ja die beiden Brautleute, die einander heiraten. Das Eheversprechen, das sie sich geben, ist von größter Wichtigkeit - dies aber unabhängig davon, wo es gegeben wird. Die Kirche kann dann nur noch ihren Segen spenden, und der Staat gibt aufgrund seiner Autorität dem Ganzen Gesetzeskraft.

Daß die Kirche einem Paar die Trauung verweigert, weil sie gegen die betreffende Eheschließung ist, dann aber die von ihr nicht gewollte Ehe nach der standesamtlichen Trauung absegnet, ist natürlich grober Unfug. Doch viel schlimmer noch: Zweitehen, die sehr viel ernsthafter, inniger und tiefer sein können als Erstehen, zu diskriminieren, heißt eines der fundamentalen Elemente des christlichen Glaubens zu leugnen: daß wir Sünder sind, denen vergeben wurde und die immer wieder neu anfangen. Immer wieder – aber nur nicht in der Ehe? Ist denn eine gescheiterte Ehe *die* Sünde aller Sünden, die nicht vergeben werden kann? Niemand kann doch ernsthaft so denken. Doch um irgendwelcher sozialer oder vielleicht sogar geistlicher Wertvorstellungen willen muß die Kirche weiterhin die Lehre vom freien Walten der Gnade leugnen.

Allerdings verhält es sich in Wirklichkeit natürlich nicht mehr ganz so. Zwar steht die Phalanx der Hardliner wie eine Eins, doch die meisten Bischöfe stellen es heute immerhin schon den Geistlichen frei, ihrem Gewissen zu folgen, ja ermutigen sie sogar darin. Was getan oder nicht getan werden kann, hängt also nunmehr davon ab, in welchem Pfarrbezirk man zufällig wohnt. Dies stellt die Realitäten der Frohen Botschaft abermals auf den Kopf. Mit anderen Worten: Es herrscht nach wie vor ein strenges Gesetz, nur daß man liberal damit umgeht, nicht das Prinzip der Freiheit mit gewissen Richtlinien, um ihr Strukturen, ja meinetwegen auch Disziplin zu verleihen. Kirchenrechtler wissen dazu eine Menge zu sagen, doch sie trifft kein Vorwurf. Sie sind Angestellte, Arbeitnehmer der Kirche, die ihnen vorschreibt, welche Art von Käfig sie für den „Himmelsvogel" konstruieren sollen. Und natürlich entkommt er ja immer und immer wieder. In allen Kirchen ist Platz für diejenigen, die die Türen der Käfige offenhalten. Doch wer frustriert seine Kirche verläßt oder sie gar gegen eine andere eintauscht, findet oft nur einen noch sichereren Käfig. Oder eine Wüste ohne lebendiges Wasser. In den Kampf zwischen Gesetz und Evangelium eingespannt zu sein, ist Teil dessen, was es heißt, Mensch zu sein. Doch ganz ohne Einschränkungen zu leben, ist im kirchlichen Leben ebenso utopisch wie „draußen in der Welt".

Daß wir die Tür unserer Kirche offenhielten, führte natürlich dazu, daß sich unsere Versicherungsbeiträge erhöhten. Und die Polizei brauchte recht lange, um zu begreifen, daß nicht deshalb nachts um halb zwei Uhr noch Licht in der Kirche brannte und die Tür unverschlossen war, weil wir es vergessen hätten. Wenn es um diese Zeit an unsere Tür klopfte, stand in der Regel ein Streifenwagen davor. Meist bekamen wir es im Guten mit der Polizei zu tun. Manche Dinge liefen aber auch böse ab. Einige dieser Begegnungen müßten eigentlich in aller Ausführlichkeit dargestellt werden. Doch ein Grundsatz war mir sozusagen heilig und unverletzbar: Nie wollte ich jemanden, der in unserer Kirche Asyl gesucht hatte, der Polizei ausliefern. Ich sollte lernen, daß echte Aufgeschlossenheit für menschliche Nöte einen sogar an einem solch guten Prinzip zweifeln lassen kann. Zwar brach ich in Wirklichkeit nie meinen Grundsatz, und doch gab es Zeiten, da es mir schien, daß für einen unserer „Klienten" ein kurzer Aufenthalt im Knast die beste Lösung wäre.

Beispielsweise schien es mir, als ob Malcolm, der in unserer Kirche halb-seßhafte Dieb, sich alles in allem innerhalb von Gefängnismauern wohler fühlte als außerhalb. Dort jedenfalls war er entspannt und fähig, ein ruhiges Gespräch zu führen. Die Beweise dafür, daß er sich mit unseren Leuchtern und dem Prozessionskreuz davongemacht hatte, waren erdrükkend. Die Leuchter hatte er schnell verscherbelt. Doch wer kauft schon ein „heißes" Kreuz? Malcolm wurde es nicht los, also warf er es bei Flut in die Themse. Bei der nächsten Ebbe sah es ein Bootsfahrer, zog es aus dem Schlamm und lieferte es bei der nächsten Polizeistation ab. Innerhalb von vierundzwanzig Stunden hatten wir es zurück. Als ich es wieder in die Kirche brachte, machte Malcolm ein derart verwundertes Gesicht, daß kein Zweifel mehr bestand: Er hatte es gestohlen. Nun war er überzeugt, daß Kreuze magische Kräfte besäßen. Ich konnte ihm versichern, daß sie solche Kräfte nicht haben, die zum Schmuck der Kirche dienenden Kreuze aus Messing. Die Kirche könnte auch ohne sie auskommen.

Das wahre Kreuz, das einige von uns trugen, war unser eigenes Versagen und das der Gesellschaft um uns, ein Umfeld entstehen zu lassen, in dem Malcolm und andere wie er außerhalb von Gefängniszellen leben können. Einer der grundsätzlichen Fehler unserer Kirchen – fast aller unserer Kirchen – ist unsere kulturelle Isolation von denen, die im Abseits leben und doch kaum leben, und die wir durch unsere Liturgien ebensowenig erreichen wie durch unseren bürgerlichen Lebensstil. Diese Liturgien setzen voraus, daß wir – um mit den Worten des Apostels Paulus zu sprechen – „eine neue Menschheit" in Christo sind. Wie aber läßt sich dieses Idealbild, dieses Heiligenbild der Wahrheit in die Wirklichkeit übersetzen? Wenn Gottes Liebe in besonderem Maße den sozial Benachteiligten gilt, wie ehren wir Christus in ihnen? Zum Beispiel in Roy, wenn dieser schon wieder eine leere Bierflasche auf den Stufen unseres Pfarrhauses zerschlägt? Meine theologischen Studien haben mich nicht einmal gelehrt, wie man in solchen Fällen betet, geschweige denn, was man tut oder wie ich meiner Frau helfen kann, damit fertig zu werden. Meine Predigten über das Reich Gottes schienen in so vieler Hinsicht seltsam beziehungslos zu sein zu so viel Wirklichkeit, die durch unsere offene Tür hereinkam. Es mag nicht viel scheinen und ist auch keine Antwort auf die beschämende Zurucksetzung von Frauen durch die Anglikanische Kirche: Aber ich glaube, daß die zahllosen Tassen Kaffee, die meine Frau Bedürftigen und nicht so Bedürftigen reichte, den sakramentalen Charakter des Abendmahls hatten. Nicht weniger. Deswegen konnten wir es wagen, jeden Sonntagmorgen zusammenzutreten, das Brot zu brechen und die Eucharistie zu feiern. Und trotz unserer Zweifel und Ängste konnten wir getrost sagen: „Der Herr ist hier."

Mystik und Politik
Ein Kind entdeckt die Ungerechtigkeit

Schon früh in meiner Jugend begann ich Erfahrungen mit Gewaltherrschaft zu machen. Allerdings weiß ich nicht genau, jedenfalls nicht auf den Tag genau, wann Reichswehroffiziere unseren BMW beschlagnahmten. Wie es hieß, benötigte man ihn für den militärischen Einsatz im Zusammenhang mit dem „Anschluß" – dem Einmarsch in Österreich –, und ein jüdischer Arzt hatte sowieso in keinem solchen Wagen herumzufahren. Man sagte das zwar nicht ganz so unverblümt. Wir nahmen aber an, daß sie so dachten. Jedenfalls kam der Wagen zurück, ramponiert, kaum erkennbar, aber immerhin noch rechtzeitig, daß wir damit vor der Gestapo nach Berlin fliehen konnten. In dieser großen Stadt konnten wir leichter untertauchen, während wir um die Genehmigung kämpften, irgendwohin auszuwandern, wo man uns aufnahm. Sehr weitläufige Verwandte, selbst keine Juden, brachten mich in einer Kellerwohnung unter. Sie waren von unerschöpflicher Güte und zu jedem Risiko bereit. Für mich war das alles ein Abenteuer und auf jeden Fall besser, als zur Schule zu gehen. Gelegentlich sah ich meine Mutter. Meine Eltern versuchten, nie mehr als zwei Nächte in derselben Wohnung zuzubringen.

Es war schon etwas ganz besonderes, daß meine Mutter mit mir einen Spaziergang unternahm. Dies geschah am 9. November 1938. Ich erinnere mich an die großen Läden mit ihren farbenprächtigen Auslagen. Alles war so sehr viel großartiger und eindrucksvoller als in unserer heimischen Provinzstadt Meiningen. Berlin war stets einen Besuch wert. Doch dann spürte ich, wie Spannung meine Mutter ergriff. Am Straßenrand hielten Lastwagen mit Männern in schwarzen Uniformen. Ein Pfiff, sie sprangen herab und waren plötzlich überall. Sie schwangen mächtige Knüppel und zertrümmerten die Schaufensterfronten. Plötzlich war Schrecken ringsumher und Glasscherben. Wir gingen schnell weg. Meine Mutter war keine Jüdin. Ich hatte nur einen jüdischen Vater. Und ich sah nicht jüdisch aus. Doch der Schaden war angerichtet. Es war der Tag, an dem die Judenverfolgung durch die Nazis in eine neue, gefährlichere, aggressivere Phase eintrat. In ganz Deutschland wurden an diesem Tage die Synagogen in Brand gesteckt. Zwar hatten meine Eltern mich gegenüber der Wahrheit abzuschotten versucht, doch ich spürte es in den Knochen: Diesmal ging es nicht um *sie*, diesmal ging es um *uns*.

Nie wieder fiel es mir seit diesem Tag leicht, einfach davon auszugehen, daß sich die, die an der Macht waren, die Uniform trugen, die Entscheidungen über andere trafen, auf der Seite der Gerechtigkeit, ja auch nur auf der Seite des Gesetzes befänden. Rasch lernte ich: Manche Menschen sind in Gefahr, und es ist keineswegs ratsam, sich an die Polizei zu wenden. Die Polizei war die Gefahr.

Andererseits brachte mir meine Mutter aber sehr früh bei, niemals, wie die Nazis, ganze *Gruppen* von Menschen zu hassen. Sie erinnerte mich daran, daß ihr Vater – der Großvater, den wir in Deutschland zurücklassen mußten – selbst bei der Polizei gewesen war. Ich liebte und verehrte ihn. Für ihn, den Sohn armer Bauern, der kein Land erbte, hatte es in den achtziger Jahren des vorigen Jahrhunderts schon etwas bedeutet, in der Polizeitruppe eines kleinen deutschen Herzogtums Karriere zu machen. Und weil mein Großvater ein guter, gewissenhafter Polizeibeamter war, wurde er – sehr viel später – schließlich stellvertretender Direktor einer Reformhaftanstalt. Doch nun war er arbeitslos. Als er Hitlers erste politische Gefangene hinter Schloß und Riegel bringen sollte (es waren vermutlich Kommunisten, und er war ein eiserner Konservativer), nahm er seine Schlüssel, legte sie auf den Schreibtisch des Direktors und nahm seinen Abschied. Seit Kaisers Tagen hatte er gedient, um Gesetz und Ordnung aufrechtzuerhalten. Menschen hinter Schloß und Riegel zu bringen, die gegen kein Gesetz verstoßen hatten, war seine Sache nicht.

Er nahm seine Tätigkeit nie mehr auf, und wäre sein Sohn – zu seinem großen Kummer – nicht ein einflußreicher Nazi gewesen, wäre es ihm wohl noch sehr viel schlimmer ergangen. Hätten mehr Frauen und Männer die Grundsätze und den Mut meines Großvaters gehabt, wären mehr Deutsche gegen Hitlers Mißachtung von Gesetz und Anstand aufgetreten, so hätte die Geschichte vielleicht einen anderen Lauf genommen. Wie auch einige mit der Macht umgingen, die sie über andere hatten – ich hatte gelernt, keine übereilten Urteile zu fällen. Und hätte ich nicht die Prinzipien meines Großvaters übernommen, hätte ich mich schließlich nicht so total für die Arbeit von *Amnesty International* engagiert.

Die Glasscherben vom November 1938 fügten mir das erste bewußte Trauma meines Lebens zu. Das zweite, das ich ein paar Monate später erfuhr, gewann allerdings viel größere Bedeutung für mich. Anfang 1939 waren wir glücklich. Neuseeland hatte Ja zu uns gesagt. Alle unsere Papiere waren in Ordnung. Wir konnten Deutschland verlassen wie normale Reisende. Oder fast so. Es gab Regelungen für jede Kategorie von Juden. Mein Vater hatte im Ersten Weltkrieg als deutscher Soldat gekämpft und das Eiserne Kreuz Erster Klasse erhalten. Der deutsche Staat hatte zwar all unser Geld beschlagnahmt, doch durften wir in unser Bestimmungsland mitnehmen, was wir besaßen, und auch von unserem Geld konnten wir so viel bei der Bank abheben, wie wir für die Überfahrt benötigten. Für jeden anderen Zweck war das Konto gesperrt. Deshalb buchte mein Vater mit dem für ihn typischen Galgenhumor die teuerste Passage nach Neuseeland, die möglich war. Um so weniger Geld strich Hitler ein. Es war innerhalb des gesetzlichen Rahmens.

Beinahe wäre noch alles schiefgegangen. Denn die Regierung Neuseelands bestand darauf, daß selbst Flüchtlinge das Land nur betreten konnten, wenn sie über mindestens 100 Pfund Sterling pro Person verfügten. 1939 war das eine Menge Geld, besonders, wenn man überhaupt nichts besaß. Wir brauchten in kürzester Frist 300 Pfund, damals viel mehr als 3 000 Pfund heute. Wir riefen einen entfernten Verwandten in Shanghai an. Konnte er helfen? Nein. Doch er kannte einen Franzosen, der es vielleicht konnte, und gab uns seine Telefonnummer. Es war Jean Carette, der Bürgermeister von Rieux im Département Oise. Mein Vater rief ihn an, erzählte ihm unsere Geschichte, und ohne auch nur einen Augenblick zu zögern, sagte er einfach: „Es wird mir eine Ehre sein, Ihnen zu helfen. Wohin darf ich das Geld überweisen?" „Nach Amsterdam", erwiderte mein Vater. Und er sandte es in US-Dollars – ohne die geringste Garantie, je davon auch nur einen Penny wiederzusehen. Menschen wie ihm verdankten viele Juden ihr Leben. Doch weil es nicht viele von ihnen gab und weil die meisten Länder keine weiteren jüdischen Flüchtlinge mehr aufnahmen, mußten viele, die sonst vielleicht gerettet worden wären, in den Gaskammern sterben.

So verließen wir Berlin mit dem aufgestempelten Buchstaben „J" – für „Jude" – auf jeder Seite unserer Nazi-Pässe, die nur für eine Ausreise gültig waren. Das Exil war für meine Eltern bitter. Mochte da kommen, was wollte, sie waren in die deutsche Kultur eingebunden – sie waren Deutsche und blieben es auch. Nie würden sie es zulassen, daß das Land Bachs und Goethes mit Nazideutschland gleichgesetzt würde. Die Fahrt nach Amsterdam verlief unter Tränen.

Für mich aber war auch das in erster Linie ein aufregendes Abenteuer. Wir reisten in der Sonderklasse des Luxusdampfers *Johan van Oldenbarnevelt.* Ganze sieben Jahre alt war ich und, so glaubte ich wenigstens, zu allem bereit. Tatsächlich sorgte ich gleich für ein kleines Schauspiel. Meine Eltern und viele andere Passagiere standen an Deck an der Reling und sahen zu, wie Europa langsam am Horizont verschwand. Ein schwerer Abschied! Für mich aber Zeit für Erkundungen. Beispielsweise entdeckte ich einen der mächtigen Hydranten. Was würde wohl geschehen, wenn ich ihn in Gang setzte? Mit aller Kraft quälte ich mich an ihm herum, bis sich das Ventilrad drehte und ein gewaltiger Wasserschwall sich an Deck ergoß, der eine Menge Menschen durchweichte. Als meine Eltern merkten, wer der Übeltäter war, vergaßen sie alle ihre bisherigen Vorbehalte gegen körperliche Züchtigungen. Am nächsten Morgen klopfte es an die Kabinentür. Draußen stand ein Steward, in der Hand eine riesige Bonbonniere: „Für den kleinen Jungen, der all meine Sorgen ertränkt hat." So lernte ich, daß die Konsequenzen menschlichen Handelns nie genau vorhersagbar sind. Doch wie auch immer, auf jeden Fall dämpfte das Erlebnis meine Abenteuerlust nicht im geringsten.

Unsere Mitreisenden in der Luxusklasse des Schiffes waren reiche holländische Pflanzer, die zu ihren ostindischen Besitzungen zurückkehrten, sowie ein englisches Oberhausmitglied auf Kreuzfahrt. Kinder gab es nicht. Wir Flüchtlinge waren die Armen in dieser Gesellschaft – Stoff für eine Tragikomödie. Charlie Chaplin hätte eine Menge daraus gemacht.

Zum ersten und letzten Male in meinem Leben hatte ich meinen eigenen Diener – meinen *Boy,* wie man ihn nannte. Wahrscheinlich um die Mitte zwanzig, saß er, weiß uniformiert und beturbant, mit untergeschlagenen Beinen vor meiner Tür und wartete auf Anweisungen. Er war Javanese und hieß Suleiman. Trotz der Sprachbarriere wurde er rasch mein einziger wirklicher Freund, der mit mir spielte, wenn auch natürlich nicht die ganze Zeit. Luxus, das lernte ich rasch, ist ziemlich langweilig. Also begab ich mich auf Forschungsreisen. Ich denke, ich habe etwas vom Draufgängertum und vom Nonkonformismus meines Vaters geerbt. Ganz besonderen Spaß machte es mir, mich dort herumzutreiben, wo ich genau wußte, daß es verboten war.

Auf einer Stahlleiter kletterte ich in den Maschinenraum hinab und fand die riesigen Turbinen ungeheuer eindrucksvoll; mein Mut hatte sich ausgezahlt. Niemand scheuchte mich weg. Dann kam eine weitere Herausforderung: noch eine Leiter aus Stahl. Auf ihr kletterte ich bis unter die Schiffsmaschinen hinab. Es wurde noch dunkler, noch heißer. Nun bekam ich wirklich Angst, doch drang ich weiter bis zum Boden des Schiffes vor, wo nur noch schwaches Licht von oben verschwommene Schatten warf. Hier stand ich auf hölzernen Planken. Stroh lag darauf. Ich hob meinen Fuß und stieß gegen einen Körper – den Körper eines Schlafenden. Vor Schuldgefühl, Scham und Angst fror ich. Zu meinen Füßen lag einer der *Boys* aus Java, und ringsherum schliefen noch mehr. Ich war in die Unterwelt hineingestolpert, in der sie schliefen, wenn sie nicht arbeiteten. Ich, der arme reiche Junge, hatte auf dem Traumschiff ein Stück Realität entdeckt. Eines Tages sollte ich lernen, daß man das als Kolonialismus und Ausbeutung bezeichnete.

Damals aber wußte ich nur, daß ich so schnell wie möglich in die sicheren Arme meinen Eltern zurück wollte. Weinend trat ich den Rückzug an, und an mehr kann ich mich nicht erinnern. Nur konnte ich nicht vergessen, was ich entdeckt hatte. Es schockierte mich mehr als Hitlers SS, als sie die Schaufensterscheiben zertrümmerte. Es zerstörte meine Annahme, daß alle Menschen mehr oder weniger gleichwertig seien. Ich war mit der Nase voll auf den Gegensatz von privilegiertem Dasein und Unterdrückung gestoßen. Ich war privilegiert – mein Freund Suleiman war es nicht. Das traf mich sehr, und es ist nur einem inneren Schutzmechanismus zuzuschreiben, daß das Gefühl heute nicht mehr so stark schmerzt. Jahrelang verfolgte mich der Gedanke an die zweite Leiter wie ein Alptraum. Tatsächlich kann ich nicht mehr genau auseinanderhalten, was noch Erinnerung an mein Erlebnis selbst und was Erinnerung an die daraus folgenden Alpträume ist. Klar ist lediglich: Die *Johan van Oldenbarnevelt* war ein Mikrokosmos unserer Welt.

Wann ich mich Christus zuwandte, kann ich nicht mehr auf Jahr und Tag genau sagen. Es begann schon früh in meiner Kindheit, und ich hoffe, es hat noch nicht aufgehört. Dafür kann ich aber genau benennen, wann ich zur Welt bekehrt wurde: als ich diese traumatische Erfahrung des Unrechts machte. Sie prägte, was ich im Leben erreichte und was ich nicht erreichte. Diese Erfahrung brachte mich dazu, gegen die Welt zu kämpfen, so wie sie ist. Und sie ließ mich auch stets unzufrieden mit meinem eigenen Engagement, mit meinem eigenen Kampfgeist sein. Ohne jene andere, mystische Bekehrung zu Christus wäre ich oft an mir und an der Unmenschlichkeit der Welt verzweifelt. All diese Erfahrungen weckten in mir den Wunsch, Politik zu studieren. Doch als ich mein Examen abgelegt hatte, sagte ich mir, daß das alles keinen Sinn ergäbe, wenn ich nicht auch die Theologie hinzunähme. Also studierte ich weiter und lernte schließlich: Glaube, Hoffnung und Liebe sind keine akademischen Disziplinen, sondern Fragmente des Lebens aus der Sicht des eigenen Versagens und der Vergebung.

Das Studium des Marxismus lehrte mich, daß selbst gute Leute angesichts schlimmer Systeme und ihrer unaufhaltsamen Eigendynamik hilflos sind und es keinen kreativen Wandel ohne gemeinsamen Kampf gibt. Das Leben lehrte mich – und das Evangelium bestätigt es: Keiner von uns ist gegen die Versuchungen der Macht immun, und revolutionäre Gerechtigkeit ohne Barmherzigkeit bedeutet gegenüber alter Unterdrückung keine Verbesserung. Allzuoft verlegten sich daher Christen, die dies wußten, aus Angst vor Schlimmerem in Augenblicken radikaler Veränderungen auf die Sicherung ihres eigenen Bestandes, anstatt die Menschlichkeit Christi in die Revolution einzubeziehen - mit sämtlichen Risiken, die das mit sich bringt.

So persönlich sie auch waren - meine Erfahrungen auf dem Luxusdampfer erfordern einen politischen Nachtrag. Kurz nach meiner Reise brach der Zweite Weltkrieg aus. Er brachte das Ende des Kolonialismus. Doch auch nach ihrer Befreiung von der Herrschaft der Holländer gab es keine radikale Wende in den ehemals holländischen Kolonien, sondern nach einem blutigen Staatsstreich früh in seiner neuen Geschichte hatte Indonesien mehr politisch Verfolgte (und auf jeden Fall mehr politische Gefangene) aufzuweisen als irgendein anderer Staat. Natürlich wäre es leicht zu sagen, daß nur die falschen Leute an die Macht gekommen waren - etwa die Rechten statt der Linken. Die Erfahrung bestätigt das nicht. Ich fürchte, daß diejenigen, die allzu rasch ideologische Antworten zur Hand haben, die großen Betrüger unseres Jahrhunderts sind.

Das bedeutet natürlich nicht, daß man auf Politik verzichten kann, wenn man nur fromm ist. Meine Bekehrung zur Welt hat mich dazu gebracht, Politik ausdrücklich zu bejahen. Natürlich nicht unter Ausschluß des Heiligen Geistes, sondern als natürliche Folge einer Spiritualität, die auf der Fleischwerdung Gottes beruht, auf dem Zeugnis nämlich, daß Gott nicht nur in Jesus wohnt, sondern (weil Jesus Mensch war) in jedem Menschen.

Wenn der russische Mystiker und politische Philosoph Nikolaj Berdiajew zu Beginn dieses Jahrhunderts schrieb: „Brot für mich ist eine materielle Frage, Brot für meinen Nachbarn ist eine geistliche Frage", so sprach er nur aus, daß hinter jeder Wirtschaftspolitik eine ethische Vorentscheidung darüber steht, wer wozu berechtigt ist.

Die Handels- und Finanzpolitik der gegenwärtigen Industrienationen verewigt die Situation auf dem Ozeandampfer. Die Besitzenden schreiben den Armen vor, wie die Dinge laufen sollen. Welche moralischen - und damit geistlichen -

Prioritäten die Machthaber setzen, wird noch deutlicher, wenn man die Militärausgaben der Reichen gegen das setzt, was selbst ein kleiner Bruchteil dieser Gelder bewirken könnte, um das Leben der Ärmsten der Armen zu retten. Unsere Absicherung gegen einen denkbaren künftigen Feind ist uns unendlich viel wichtiger als der Kampf gegen den gegenwärtigen Hunger. Wie groß ist der moralische Unterschied zwischen der bewußten Tötung eines Menschen für einen angeblich guten Zweck (wie beispielsweise Hitler Geisteskranke umbringen ließ) und der bewußten Inkaufnahme, daß Menschen sterben, nur weil man der Ansicht ist, daß Trident-Raketen mehr nukleare Abschreckungskraft besitzen als Polaris-Raketen?

Natürlich bewegt sich dieses Beispiel schon in Richtung auf moralischen Surrealismus hin. Wahrscheinlich ist jede Politik, welche die Möglichkeit – oder sogar die bedingte Gewißheit – der Anwendung von Massenvernichtungsmitteln in ihr Kalkül einbezieht, im spirituellen Sinne von vornherein bankrott. Dies bedeutet aber keineswegs, daß ich an der Politik verzweifele – oder an den Menschen. Makro- und Mikrokosmos sind aufs engste miteinander verknüpft und aufeinander bezogen. In der Politik meines Volkes gibt es nichts, was es nicht auch in mir gäbe. Oder denke ich, wenn ich eine teure Hausratversicherung abschließe, an die Nöte einer jungen, um ihre Existenz kämpfenden Mutter mit drei Kindern, die kein festes Dach über dem Kopf hat – und dies nicht etwa in Kapstadt, sondern keine tausend Meter von meinem Haus entfernt? Oder wenn ich Auto fahre? Oder eine Kinokarte kaufe?

Persönliche Verantwortung und öffentliche Entscheidungsbildung gehören nicht verschiedenen Wertordnungssystemen an. Nach welchen Gesichtspunkten trifft man denn die Entscheidung, wenn man zwischen der teuren Ausrüstung einer chirurgischen Klinik und der im Vergleich dazu eher bescheidenen Einrichtung einer Klinik für vorbeugende Medizin zu wählen hat? Kann man wirklich sagen, daß es leichter ist, für sich persönlich zu entscheiden, als politische Entscheidungen zu treffen? Bestätigen unsere Lebenserfahrungen dies?

Meiner Ansicht nach liegen diejenigen falsch, die da meinen, mein Kindheitstrauma ließe sich nur beheben, wenn sich jeder zu Jesus bekehrt hat. Frömmigkeit allein, wie wünschenswert auch immer, kann die Wunden der gebrochenen Menschheit nicht heilen. Genauer noch: Man muß ganz einfach zugeben, daß – einzeln und insgesamt – die Bekehrten, was ihr Verhalten angeht, keineswegs besser dastehen als die übrige Menschheit. Wenn man doch nur sagen könnte, daß Christentum und das moralische Gespür für die Nöte der Menschheit Hand in Hand gingen! Tatsächlich aber wäre es grob fahrlässig, den Frieden in die Hände von Menschen zu legen, nur weil sie behaupten können, Christen zu sein. Christen sind in keiner Weise immun gegen Blindheit, Furcht, Vorurteile oder irgendwelche anderen Laster, die Menschen füreinander so gefährlich machen. Nicht einmal der Versuchung, sich durch Macht korrumpieren zu lassen, vermögen sie besser zu widerstehen als Nichtchristen.

Wenn das aber gilt, so gilt auch das Gegenteil. Karl Marx, der in so vielen Dingen recht hatte – mehr recht als wahrscheinlich sämtliche Christen seiner Zeit –, hatte dennoch unrecht mit der Annahme, daß alle unsere Übel, alle menschliche Entfremdung (ein besseres Wort als Sünde) nur das Resultat sozialer und ökonomischer Ungerechtigkeit wären. Bringt nur die sozialen Verhältnisse in Ordnung, und alles wird gut sein. Überall herrschen dann wahre Harmonie und wahrer Friede. Dieser Traum ist so falsch wie das Vertrauen evangelikaler Prediger auf individuelle Bekehrung. Utopistische Politik ist ein Rezept für die Katastrophe. Welche Hoffnung bleibt dann aber? Zu billigem Optimismus besteht keinerlei Veranlassung.

Doch Hoffnung ist etwas anderes. In jeder menschlichen Lage deutet die Hoffnung auf die Möglichkeit des scheinbar

Unmöglichen. Ein Atomkrieg ist wahrscheinlicher als atomare Abrüstung, doch keines von beiden ist unmöglich. Vielleicht findet auch lange Zeit weder ein Krieg noch die völlige Abrüstung statt, während unterdessen ein Stück des kosmischen Kampfes zwischen Gut und Böse ausgetragen wird. Dabei wird sich schwer entscheiden lassen, wer auf welcher Seite steht. Was Jesus als „Königreich“ bezeichnete, erweist sich schon jederzeit im Kleinen wie im Großen, wenn Liebe über die Furcht und Vergebung über den Haß siegt. Die, die wirklich den Weg bereiten, auf daß das Reich komme, sind oft gerade die, von denen man es am wenigsten erwartet (schon wieder diese verdammten Samariter!) und die sich selbst in dieser Rolle gar nicht wiedererkennen. Oft sind freundliche Zyniker in der Lage, ein gut Teil mehr praktische Liebe zu geben als aufopferungsvolle Idealisten.

Und was die fast allgemeine Tendenz betrifft, die Probleme der Welt ihren Herrschern anzulasten – das zieht bei mir nicht. Zwar ist es nötig, Machtmißbrauch zu kritisieren, doch solche Kritik unterscheidet sich nicht wesentlich von der Selbstkritik, zu der jeder vernünftige Mensch verpflichtet ist. Hier greife ich den Gedanken der kritischen Solidarität auf, die alle unsere Beziehungen charakterisieren sollte – einschließlich der Beziehung zu uns selbst.

Wärend ich dies im Jahre 1986 in London zu Papier bringe, sind meine Bestürzung und mein Zorn über die Politik der Regierung Margaret Thatchers sehr viel größer als über die irgendeines ihrer Vorgänger. Ich werde sie weiter bekämpfen, aber ich erkenne in dieser Politik und in den Menschen, die sie betreiben, Charakterzüge, die im ganzen Land verbreitet sind. Oft schon habe ich gesagt, hätte man die Machtzentrale von der Downing Street in meine eigene Straße verlegt, ich wäre nicht sicher, ob unsere Übel kleiner wären und der Friede sicherer. Ein bißchen Selbsterkenntnis und die Geschichten von Adam, Eva, Kain und Abel sollten gewiß ausreichen, uns von romantischen Vorstellungen über „den kleinen Mann von nebenan" freizumachen – wenn eine derart sexistische Sprache erlaubt ist. Das viel Ernstere und Wesentlichere, daß Macht viel zu lange in den Händen von Männern konzentriert war, ist gewiß ebensowenig die Antwort, wenn auch ein wichtiger Teil von ihr. Und ganz gewiß ist es eine Antwort, gegen die sich die von Männern geleiteten Kirchen mehr sträuben als die Welt.

Politische Alternativen gibt es durchaus, doch sind sie stets begrenzt. Allerdings nicht so begrenzt, wie es Politikern scheint. Es braucht Menschen und Gruppen, um ihnen zu helfen, eine Vision dessen zu entfalten, was möglich ist. Allerdings sind die extremsten Optionen nicht immer die radikalen – radikal in dem Sinne, daß sie die Probleme bei der Wurzel packen. Und wenn man Politiker dazu bringt, daß sie dies tun, fördert das nicht unbedingt ihre Popularität. Doch genau darum geht es der christlichen Prophetie, die Realität hervorzuheben, so unbequem sie sein mag. Auch der Mittelweg bringt nicht unbedingt die Antworten. Jesus – das muß man immer wieder betonen – wäre bestimmt nicht als „gemäßigt" bezeichnet worden.

Ist eine sozialistische Wirtschaftsordnung christlicher als eine freie Marktwirtschaft? In der Praxis sind der absolut freie Markt und die total sozialistische Gesellschaft nur alternative Formen der Tyrannei. Theoretisch lassen sich beide als Entwicklungsstufen zu etwas Humanerem und Gerechterem begreifen. Aber in beiden Fällen sind die Risiken für die Menschen zu groß.

Eine auf Gemeinschaftseigentum beruhende Gesellschaft, die aber freiem Unternehmertum und freier Kultur den nötigen Spielraum läßt, ist ein Ideal, das fast sicher dem Geist der Bergpredigt und der Apostelgeschichte am nächsten kommt. Man könnte sich vorstellen, daß dies die Gesellschaftsform ist, zu der sich in der Tschechoslowakei Alexander Dubčeks „Sozialismus mit menschlichem Antlitz" entwickelt hätte, hätten ihn nicht sowjetische Panzer niedergewalzt. Es ist die

Art Gesellschaft, die sich vielleicht hätte in Salvador Allendes Chile oder sogar im gestrigen Nicaragua erreichen lassen, hätte nicht die Macht des amerikanischen Kapitalismus dies hintertrieben.

Gleiches ist in einer Marktwirtschaft denkbar, die streng nach sozialen Prinzipien ausgerichtet und durch weitgehende Umverteilung von Reichtum, durch Ausgleich zwischen widerstreitenden Interessengruppen sowie durch Vermeidung machtausübender Monopole gekennzeichnet ist.

Vielleicht ist das, was ich hier in ganz großen, groben Umrissen zu beschreiben versucht habe, die Wahl zwischen demokratischem Sozialismus und sozialer Demokratie. In beiden Fällen handelt es sich um „Politik mit menschlichem Antlitz". Vielleicht bringt die Zukunft bessere Modelle hervor. Doch was die Gegenwart angeht, können die beiden genannten Formen allen Menschen überall zum Nutzen gereichen, insofern sie ein Minimum sozialer, ökonomischer und politischer Rechte garantieren. Doch von diesem Ziel ist die Welt noch weit entfernt. Noch immer sitzen wir – auf nationaler und mehr noch auf internationaler Ebene – so tief in der Falle „unter den Schiffsmaschinen", daß es schmerzt ...

Falsche Feindbilder
Trotz KGB zur Großmutter

An meinen Geburtsort zurückzukehren, war ein Problem. Ich hatte ihn verlassen, um zu überleben, als Hitler an der Macht war. Sechzehn Jahre später gehörte er nicht mehr zur „westlichen Welt", und der Kalte Krieg befand sich auf seinem Höhepunkt. Er lag unmittelbar hinter der Westgrenze der Deutschen Demokratischen Republik, doch niemand in Bonn, wo ich damals als Forschungsstipendiat tätig war, nannte sie so. Er war Teil der „Sowjetzone". Für die Westdeutschen befand er sich einfach „drüben". Dort „drüben" lebte die eine meiner Großmütter, welche die Naziherrschaft überlebt hatte, dem Tode nahe in einem Altersheim. Ich beantragte bei den DDR-Behörden eine Besuchserlaubnis. Die Antwort lautete „Nein".

Ärgerlich und enttäuscht erwarb ich, was jedermann konnte, ein Visum für den Besuch der Leipziger Messe. In Leipzig begab ich mich zum Hauptquartier der Polizei und bat um die Genehmigung, auf der Rückreise in den Westen meine Großmutter zu besuchen. Zwei Stunden ließ man mich warten. Dann wies man mich an, ein Zimmer im fünften Stockwerk aufzusuchen, um die Angelegenheit weiter zu besprechen. An der Tür stand: „Konsul der UdSSR". Das muß ein Irrtum sein, dachte ich. Meine Großmutter lebt hier in der DDR, nicht in Rußland. Also begab ich mich wieder treppab, um dies zu klären. Nun aber wurde ich nicht mehr höflich gebeten, mich zum fünften Stockwerk zu begeben, sondern man sagte eindeutig: „Wenn Sie nicht gehen, bringen wir Sie hin."

Ich klopfte. Der sowjetische Beamte erwartete mich. Er war sehr viel mehr als ein Konsul. Dies war der Anfang eines zweitägigen Verhörs durch den KGB. Tatsächlich hielt man mich unter Spionageverdacht fest, obwohl man so tat, als ob der Offizier, der mich verhörte, mir lediglich „half, meine Großmutter zu besuchen“. In Wirklichkeit glaubte man aber, sie sei nur vorgeschoben, damit ich im Grenzgebiet herumspionieren könne. Und offensichtlich hielt man mich für einen Westdeutschen mit falschem neuseeländischem Paß. Wahrscheinlich waren dieser und der nächste Tag die beiden längsten Tage meines Lebens. Wenn meine Geschichte nicht bis ins letzte Detail stimmte, konnte es sehr wohl geschehen, daß ich in einem der Lager verschwand, für die heute die Bezeichnung GULAG weltbekannt ist. Mein einziger – allerdings sehr geringer – Vorteil gegenüber dem „Konsul“ bestand darin, daß ich besser deutsch sprach als er. Das verschaffte mir ein wenig Zeit zum Nachdenken. Und ich merkte, wie mich bei einem so gründlichen Verhör ein einziger Lapsus rasch in ein Gewirr von Widersprüchen verwickeln konnte. Für Augenblicke ging mir sogar auf, wie tüchtig mein Widersacher war. Sein Handwerk verstand er vorzüglich.

Als sich der zweite Tag des Verhörs seinem Ende entgegenneigte, änderte sich sein Ton ein wenig. „Ich denke, Sie können Ihre Großmutter besuchen!“ Hörte ich richtig? „Wann?“, fragte ich. „Nicht jetzt. Sie sollten überhaupt nicht in Leipzig sein. Wir setzen Sie in den nächsten Zug nach Westen. Dann können Sie erneut einen Besuch bei Ihrer Großmutter beantragen.“ Man kann sich kaum vorstellen, wie erleichtert ich war. Er glaubte mir! „Doch warum“, fragte ich weiter, „lassen Sie mich meine Großmutter nicht schon jetzt besuchen?“ Einen Augenblick lang ließ er seine offizielle Maske fallen, blickte mich traurig, ja fast flehentlich an und erwiderte: „Sie müssen verstehen. Ich sehe keinen Grund, warum Sie Ihre Großmutter nicht besuchen sollten. Was geschieht aber, wenn Sie schlauer sind als ich? Was, wenn ich mich geirrt habe und Sie dorthin fahren lasse? Was geschieht dann mit mir?“ Eine unmißverständliche Geste deutete an, daß er das nicht überleben würde. Als wir uns zum ersten und letzten Male die Hände schüttelten, hatten wir allen Grund, uns umeinander zu sorgen. Nun war es mir leicht geworden, ihn in meine Gebete einzuschließen. Vorher war mir das ziemlich schwergefallen. Zwei Menschen gingen auseinander.

Rückschauend möchte ich diese Erfahrung um keinen Preis der Welt missen. Nie wieder werde ich Menschen in Staatssicherheitsdiensten voreilig verurteilen, die über Leben und Tod anderer zu entscheiden haben. Gewiß läßt es sich nicht leugnen, daß es unter ihnen viele gibt, die grausam und korrupt sind. Doch darf man nicht von vornherein davon ausgehen. Der Beamte, der mich verhörte, hatte ebensoviel Angst wie ich und war in mancher Hinsicht unfreier als ich. Aus vielen bewegenden Aufzeichnungen politischer Gefangener geht hervor, daß sie sich oft freier fühlten als ihre Bewacher. Ich hatte zu verstehen begonnen, was das heißt. Im Gebet für die Gefolterten und Verfolgten begann ich zu begreifen, daß die Urheber ihrer Leiden die Gebete und das Mitleid der Kirche am nötigsten haben. Und dann wußte ich: der Gnade Gottes habe ich's zu verdanken, daß ich kein Folterer bin.

Diese Geschichte hatte zwei unterschiedliche Nachspiele. Ich kannte keinen Grund, weshalb sich mein Weg jemals wieder mit dem des KGB kreuzen sollte. Und dennoch geschah dies dreißig Jahre später – was ich allerdings damals noch nicht ahnen konnte. Diesmal freilich war ich in keiner Weise gefährdet. Der Diplomat in der Londoner Sowjetbotschaft, der für die Verbindung zu den Kirchen und Friedensorganisationen zuständig war, hieß Oleg Gordievsky. Und da ich internationaler Sekretär des Britischen Kirchenrates und Vertreter der Kampagne für nukleare Abrüstung war, war es nur natürlich, daß ich mit ihm ebenso zusammentraf wie mit seinem amerikanischen Kollegen. Auf seltsame Weise erinnerte er mich an meinen „Diplomaten“ aus Leipzig. Ich genoß seine Gesellschaft und die Gespräche mit ihm, die weit über das offizielle Maß hinausgingen. Er interessierte sich für Glaubensfragen. Auch seine Frau brachte er zu uns mit. Was konnte ich ihm zum Tausch für guten russischen Wodka anbieten? Er wollte eine russische Bibelkonkordanz.

Dann sahen wir uns nicht mehr, und vielleicht nie wieder. Die Presse enthüllte, er sei ein Doppelagent, der gleichzeitig für den sowjetischen und den britischen Geheimdienst gearbeitet habe. Hatte man mich reingelegt? Keineswegs. Jener Diplomat, das weiß ich sehr wohl, war vielleicht nicht *nur* Diplomat. Nur daß er Doppelagent war, schien eher auf Dichtung als auf Wahrheit zu beruhen. Die Beziehung zu ihm, die schon fast als Freundschaft zu bezeichnen war, machte mir erneut klar, wie die Gesellschaft nur allzu bereit ist, uns Fallen zu stellen und zu vorschnellen, oberflächlichen Urteilen zu verleiten. Jede Nation meint Spione zu brauchen und setzt sie auch ein. Und doch werden sie, wenn man sie erwischt, wie Verbrecher behandelt – oder wie Prostituierte, die ebenfalls als unentbehrlich gelten und doch verachtet werden.

Agenten und Doppelagenten haben zweifellos jeweils ein ganzes Bündel von Beweggründen – wie wir übrigens alle für das, was wir tun –, doch je mehr ich über ihre Rolle nachdenke, desto mehr setzt sich bei mir die Ansicht durch, daß die Welt ein Stück sicherer ist, wenn Regierungen wissen, was ihre möglichen Gegner sie nicht wissen lassen wollen. Nichts flößt uns mehr Furcht ein als die Unkenntnis, die uns zwingt, von unseren potentiellen Feinden das Schlimmste zu erwarten. Ein Wust von Staatsgeheimnissen umgibt die meisten Regierungen, wenn auch, zugegebenermaßen, manche viel mehr als andere. Die Mauer dieser Geheimnistuerei zu durchbrechen, ist eigentlich nicht verachtungswürdig. Aber damit man mich nicht mißversteht: Nichts würde mich mehr freuen als der Abbau des KGB und aller anderen Geheimdienste in welchen Ländern auch immer. Denn dies erst wäre der Beginn einer humaneren Welt. Unterdessen bete ich: Wenn es schon Spione und Kundschafter geben muß, dann laß sie wenigstens integer und intelligent sein. Dumme Spione sind eine echte Bedrohung. Oleg Gordievsky verdanke ich einen der besten politischen Witze aus dem Kalten Krieg: „Was unterscheidet uns Sowjets von den Amerikanern?“ Antwort: „Die Amerikaner glauben an ihre eigene Propaganda.“

Und nun das erfreulichere Nachspiel meiner Festnahme. Es führte mich schließlich und endlich zu meiner Großmutter. Nicht lange, nachdem ich nach Westdeutschland zurückgekehrt war, fand 1956 in Frankfurt der Evangelische Kirchentag statt. Es war einer der letzten, zu dem mit Genehmigung der ostdeutschen Behörden ein ganzer Eisenbahnzug mit Teilnehmern aus der DDR ausreisen durfte. Angeführt wurden sie von zwei christlichen Politikern aus der DDR: von Johannes Dieckmann, dem Volkskammerpräsidenten, und Otto Nuschke, dem Stellvertretenden Ministerpräsidenten und Chef der Ost-CDU. Keiner von beiden war Kommunist. Sie gehörten den kleineren Parteien in der DDR an. Ihr Einfluß war gering.

Auf einer Versammlung von etwa dreitausend Menschen diskutierte der Kirchentag eines Nachmittags die Zukunft Deutschlands. In einer Podiumsdiskussion sollten die verschiedenen Ansichten zur Sprache kommen. Otto Nuschke, nicht mehr der Jüngste, war mit von der Partie. Keine Größe, aber mit einer anständigen politischen Vergangenheit während der Nazizeit. Auf dem Höhepunkt des Kalten Krieges empfand man es als recht bemerkenswert, daß man ihn einlud zu erklären, warum er als Christ es richtig fand, in Ost-Berlin ein Regierungsamt zu bekleiden. Er war ziemlich isoliert und erwartete wohl auch nicht, unter Christen in Ost- und Westdeutschland viele Sympathisanten zu finden.

Aber es stand noch schlimmer damit. Die Verbissenheit und Aggressivität des westdeutschen Antikommunismus war – nicht zuletzt unter Christen – viel größer, als die Veranstalter des Kirchentages vorausgesehen hatten. Heute, dreißig Jahre später, wäre die Szene, die es bei Nuschkes Ausführungen gab, ganz und gar undenkbar. Die Menge brüllte Nuschke nieder und beschimpfte ihn als Verräter. Und als der Diskussionsleiter an Fairness und Toleranz appellierte, ging dies in allgemeinem Tumult unter. Ich saß ganz hinten in der Halle, geschockt und geängstigt durch eine Atmosphäre, die mich nur allzusehr an die Tage der Naziherrschaft erinnerte.

Traurig, nun sehr alt aussehend, verließ Nuschke nicht ohne Würde den Saal. Verärgert, beschämt, zu diesem Publikum zu gehören, folgte ich ihm bis zu seinem Hotel. Dort fragte ich, ob er bereit sei, mich zu empfangen. Auf seinem Zimmer stellte ich mich vor und erklärte ihm, wie sehr ich mich schämte, daß ihm dies in jenem Teil der politischen Weltlandschaft widerfahren war, der sich selbst voller Stolz als „freie Welt" bezeichnet. Lächelnd sagte er: „Mich kann nichts mehr überraschen." Ich erwiderte: „Dann lassen Sie mich Ihnen erzählen, was mir vor ein paar Wochen in Ihrem Staat passiert ist." Er war von der Geschichte über meine Großmutter und den KGB nicht überrascht. „In diesem Klima des Kalten Krieges", meinte er, „ereignen sich schlimme Dinge. Viel schlimmere Dinge, als Sie erlebt haben. Ich habe wenig Macht, das alles zu ändern, doch immerhin genug, daß Sie zu Ihrer Großmutter können, wann Sie wollen."

Und er hielt Wort. Zwei Wochen später übergab ich seiner Sekretärin in Ost-Berlin meinen Paß und hatte binnen zwei Stunden ein Visum. Nicht nur das. Unten wartete sein Chauffeur, um mich an den südlichsten Zipfel der DDR zu bringen, eine lange Fahrt auf Hitlers Reichsautobahn. Gern hätte ich gewußt: Hatte man mir den Fahrer als Aufpasser mitgeschickt? Doch kam man meiner Frage zuvor: „Wenn Sie in Meiningen sind, machen Sie, was Sie wollen. Schicken Sie den Fahrer zurück, oder bitten Sie ihn, auf Sie zu warten."

Der Wagen, der unten auf mich wartete, war die letzte Ironie: Ein älterer Chauffeur in einem Ledermantel hielt mir die

Tür auf, als ob ich irgendein hoher Staatsgast wäre. Und der Wagen? Er war einer von der „Flotte" jener Sonderanfertigungen, die Hitler für die Spitzenbonzen der Nazipartei bauen ließ. Ich wußte nicht - sollte ich lachen oder weinen? Die DDR-Führungsspitze mußte diesen und andere Wagen aus der Hinterlassenschaft des Nazi-Regimes übernommen haben. Heute könnte man diese Autos für Unsummen an westliche Filmstudios verkaufen. Da sind sie vielleicht längst gelandet. Der Fahrer seinerseits hatte als Regierungschauffeur während der Zeit der Weimarer Republik begonnen, da hatte er Nazigrößen gefahren, und nun fuhr er Otto Nuschke. Ein echter „Urberliner", tischte er mir während der ganzen Fahrt Geschichten auf, weil er es genoß, wie er sagte, zur Abwechslung mal kein „hohes Tier", sondern „einen Normalmenschen" zu fahren.

So kam ich zu meiner Großmutter. Sie sollte nur noch ein paar Monate leben. Mein zweiter Besuch, den ich Ostdeutschland in dieser peinlichen „Staatskarosse" abstattete, war im Grunde ebenso seltsam wie der erste, der mir Angst und Schrecken eingejagt hatte. Jahr für Jahr war ich inzwischen immer wieder in der DDR. In drei Jahrzehnten sind dieses Land und die Menschen, unter denen ich geboren wurde, wieder zum festen Bestandteil meines Lebens geworden.

Durch keinen anderen tragenden Aspekt meines Dienstes konnte ich mir und anderen klarer vor Augen führen, was ich unter Versöhnung und Frieden verstehe. Was war es, was mich immer und immer wieder zurückkehren und ein Netz von Beziehungen aufbauen ließ, das nirgendwo, wo ich dienstlich tätig war, seinesgleichen hatte? In erster Linie war das alles sehr persönlich. Beispielsweise bestand meinerseits das dringende Bedürfnis, mit den Menschen ins reine zu kommen, die einst meine Eltern um die Heimat gebracht hatten - Menschen, deren Kinder mein Vater als Kinderarzt behandelt und geheilt hatte und die ihn dann auf der Straße nicht wiedererkennen wollten, weil seine Eltern Juden waren. Menschen auch, die meines Vaters Mutter in den Tod getrieben hatten. Sie nahm sich am Vorabend ihrer Deportation in einem Todeslager in Polen das Leben. Einigen von ihnen hätte ich aus sehr persönlichen Gründen schwere Vorwürfe machen müssen. Von den meisten allerdings kannte ich nicht einmal den Namen. Doch zwischen mir und den wenigen, die den Mut gehabt hatten, unserer Familie zur Seite zu stehen, hatten sich enge Bindungen entwickelt. Das dringende Bedürfnis, zu all diesen Menschen positive Beziehungen aufzubauen – sowohl den einen meine Dankbarkeit zu zeigen als auch den anderen zu verzeihen –, war der Anfang meiner Jahr für Jahr wiederholten DDR-„Pilgerfahrten". Näher an der Oberfläche lag das Bewußtsein, daß es hier ein Land im „sowjetischen Lager" gab, zu dem ich zumindest eine persönliche Bindung hatte und in dem ich in der Praxis die Tragfähigkeit meiner Überzeugung auf die Probe stellen konnte, daß Christen und Kommunisten in einen Dialog eintreten müßten, daß sie lernen müßten, einander zu achten, ja vielleicht einander zu lieben.

Hier gab es abermals Zusammenhänge, denn hier war ein Land, das fast von der gesamten Welt geschmäht und verachtet wurde und wo ich meine persönlichen Überzeugungen über kritische Solidarität überprüfen konnte. Ich konnte die DDR ebensowenig ans Herz drücken wie ablehnen. Doch konnte ich irgendwie dazu beitragen, zwischen ihren Christen, ihren Kommunisten und den Menschen in Großbritannien Brücken zu schlagen, wo ich meine Zelte aufgeschlagen hatte? Es erwies sich als möglich und lohnend. Persönliche Vorbehalte wurden überwunden. Im Interesse dessen, was zählte, mußten sie es auch. Doch wie bewegt man sich unbefangen in einer Gesellschaft, die zutiefst gespalten und in polare Gegensätze auseinandergebrochen ist? Konnte ich mit Christen befreundet sein, gleichzeitig aber auch mit denen, die in einer keineswegs sehr menschlichen Weise sie regierten? Konnte ich eine Einladung derer annehmen, die an der Macht waren, mich aber dann wiederum von ihren schärfsten Kritikern einladen lassen? Konnte ich mich als Vorsitzender der britischen Sektion von *Amnesty International* für die Freilassung der in der DDR unrechtmäßig Eingekerkerten einsetzen und dann eine Delegation leitender Christen anführen, die die Kirchen der DDR besuchte? Konnte ich Vertrauensverhältnisse zu Menschen aufbauen, die dermaßen gespalten waren, daß sie kein Vertrauen zueinander hatten?

Und doch erwies sich dies als möglich, aber auch mit massiven Risiken besetzt. Für jeden Erfolg – sei es die Freilassung eines politischen Gefangenen in den frühen sechziger Jahren, sei es die Vollendung eines Fernsehfilms über das Leben der Kirche Anfang der achtziger – gab es Scheitern und Enttäuschungen. Für alles, was mir glückte, für jeden Fortschritt, den ich erzielte, gab es entsprechende Rückschläge. Zwar stellte ich fest, daß man auch unter dem Marxismus-Leninismus durchaus positiv und kreativ leben kann, und doch war es andererseits eine schmerzliche Tatsache, daß für einige meiner engsten Freunde das Leben in der DDR unerträglich geworden war. Einige von ihnen reisten mit meiner Hilfe aus. Im Lauf der Jahre gelang es mir, die leitenden evangelischen Christen der DDR gut kennenzulernen. Mit einigen verbinden mich heute enge Freundschaften. Außerdem nahm mich wärmstens – fast als Ehrenglied – eine lebendige, anregende katholische Gemeinde auf. Auch Mitglieder der ehemaligen Ost-CDU zähle ich zu meinen Freunden, es sind die Nachfolger Otto Nuschkes, der meinen ersten Besuch ermöglichte. Aber auch mit einigen führenden Mitgliedern der alten SED konnte ich Vertrauensverhältnisse anknüpfen, insbesondere mit den Staatssekretären für Kirchenfragen, Seigewasser und Gysi.

Allerdings machte ich auch die Erfahrung, daß, alles in allem, diese Persönlichkeiten nicht die Stimmung der DDR-Durchschnittsbürger vertraten, die weder Christen noch Kommunisten waren. Oder wie es ein SED-Parteisekretär in der DDR-Provinz im Gespräch mit dem Superintendenten der lutherischen Kirche ausdrückte: „Herr Pastor, Sie können mit drei Prozent der Bevölkerung rechnen, wir etwa mit der gleichen Zahl. Und beide machen wir uns die gleichen Sorgen um die restlichen 94 Prozent!" Das war außergewöhnlich offen.

An einen Querschnitt dieser 94 Prozent heranzukommen, fiel mir keineswegs leicht - aber unmöglich war es nicht. Hilfreich dabei waren Familienferien, und man erfuhr auch viel, wenn man sich einfach die Zeit nahm, im Land herumzureisen. Nicht selten gewann ich erstaunliche Einblicke, wenn ich auf Jugendliche aller Bevölkerungsschichten traf, die in der Regel zusammengekommen waren, um gemeinsam Musik zu hören. Auch bei solchen Gelegenheiten entstanden aufschlußreiche Freundschaften.

Und dann gab es natürlich auch Menschen ganz am Rande der DDR-Gesellschaft. Die Bezeichnung „Dissidenten" trifft nur auf einige von ihnen zu. Andere wollten nur von Staat und Kirche in Ruhe gelassen werden, um ihr eigenes Leben zu leben und einfach sie selbst zu sein. Andere kämpften dagegen mit Feuereifer für den Frieden (aber nach der eigenen, nicht nach der staatlichen Auffassung davon) oder für den Umweltschutz. Fast alle hegten einen tiefempfundenen Wunsch: Teil einer weiteren, offeneren Welt zu sein, eingeengt nicht durch die engen, hermetisch abgeriegelten Grenzen der DDR. Immer und immer wieder merkte ich: Trotz oberflächlicher Unterschiede haben diese Menschen ja so viel Ähnlichkeit mit ihresgleichen in Großbritannien. Bei solchen Gedanken kommen mir meine Debatten in England mit Männern wie Lord Chalfont in den Sinn. Äußerte Lord Chalfont doch auf einer öffentlichen Versammlung: „Lieber würde ich meine Kinder totschießen als in einem kommunistisch beherrschten Land aufwachsen lassen!" Genau so hatte Hitlers Propagandaminister Joseph Goebbels gehandelt, als die Rote Armee in Berlin einmarschierte.

In solchem Verhalten spiegelt sich die abgrundtiefe Angst eines Menschen ohne Glauben, Hoffnung und Liebe. Sogar Westler, die es weniger melodramatisch lieben, lebten mit der Vorstellung einer riesigen Welt der Gehirnwäsche, die sich von Berlin bis nach Wladiwostok erstreckte und für die es keine andere Bezeichnung als den Sammelbegriff „hinter dem Eisernen Vorhang“ gibt. Dies läßt ganz und gar unberücksichtigt, wie vielfältig und reich die menschliche Natur ist. Wenn wir uns wirklich einbilden, das tägliche Leben eines Russen, Polen oder Tschechen sei so ganz und gar anders als bei uns, so überschätzen wir einfach die Fähigkeit politischer Systeme, den menschlichen Geist zu zerbrechen. Wenn Lachen und Weinen ebenso statistisch erfaßbar wären wie die Selbstmordrate, ließe sich wohl ein viel geringerer Unterschied zwischen Ost- und Westeuropa feststellen.

Das bedeutet natürlich nicht, daß ein politisches System ebenso gut ist wie jedes andere. Hätte es wirklich freie Wahlen gegeben, das wußte eigentlich jeder, so hätte sich die Mehrheit der Völker Osteuropas wohl eher für ein System entschieden, das dem unseren ähnelt. Die Geschichte steht nicht still. Kein System dauert ewig. Das Leben selbst ist beständigem Wandel unterworfen. Manchmal vollzieht er sich rasend schnell, manchmal spürt man ihn kaum. Doch dahinter liegen die unzerstörbaren Werte. Das Leben des Geistes – wieder kommt der „Himmelsvogel“ ins Spiel! – läßt sich nicht in Systeme sperren. Der junge Dichter, der in der DDR in einem Kirchturm hauste (sein Turmgemach befand sich noch oberhalb des Glockenstuhls), wird weiterhin dichten. Gleich, ob man seine Gedichte veröffentlicht oder nicht – schreiben wird er, und niemand kann ihn aufhalten.

Und überall gibt es zwei oder drei – manchmal sind es zwei- bis dreitausend –, die in Christi Namen beisammen sind, um Brot zu brechen und Auferstehung zu feiern, das Leben, das sich stets erneuert, das Leben, das man genießt oder ertragen muß. Und überall gibt es Menschen, die unsere Liebe brauchen. Liebe läßt sich auf vielerlei Art ausdrücken. Offenheit, wo immer wir uns auch gerade befinden, besteht darin, auf die innere Stimme zu hören, stillzuhalten, das Licht Christi in uns leuchten zu lassen und dann unsere Wahl zu treffen, so oder so zu leben. Und selbst wenn das Leben uns keine Alternativen läßt, stehen wir vor der Frage, wie wir mit dem realen Leben umgehen.

Meine christlichen Freunde in der DDR trafen nicht alle die gleichen Entscheidungen. Manche zogen sich in ein sehr privates Leben zurück. Einige, die das Unrecht ihres Systems spürten, hatten den Mut, sich zu widersetzen und auch die Folgen zu tragen. Einige, die sich der historischen Sünden des Christentums stärker bewußt waren, waren überzeugt, durch Arbeit an ihrem System und innerhalb dieses Systems, so unvollkommen es war, zum Lobe Christi wirken und einen menschlicheren Sozialismus aufbauen zu können. Hier geht es nicht um richtig oder falsch. Traurig ist nur, daß wir uns – wo auch immer – so oft weigern, die Wahl, die andere treffen, zu achten, ja sogar von ihr zu lernen. Die in Deutschland wirkenden Traditionen machen dies noch schwerer, als es für die meisten Briten ist. „Wenn mein Weg richtig ist, muß notgedrungenermaßen ein anderer Weg falsch sein!" Mir war es, wenn andere mich an ihren Erkenntnissen teilnehmen ließen, dann oft möglich, zu verstehen zu geben, daß mein Weg (und es entsprach immer meiner Natur, stets eine klare Wahl zu treffen) nicht notwendigerweise auch für andere der beste ist, nicht einmal für Menschen, die mir sehr nahestehen. Je älter ich werde, desto mehr gewinne ich den Eindruck, daß die Wahrheit – oder jedenfalls Teile von ihr – in Gegensätzen zu finden ist.

Nirgendwo fühle ich mich besser aufgehoben als unter Menschen – sei es im Osten, sei es im Westen –, die ihr Leben gegen das Ungeheuer des weltumspannenden Militarismus in die Waagschale werfen, das unseren Planeten zu verschlingen droht. Wenn dieses Ungeheuer von sich behauptet, es sei die wahre Friedensbewegung, so ist dies der Gipfel der Perversität. Das war ein schweres Kreuz für junge ostdeutsche Christen, die sich weigerten, sich einem Staatsgott zu beugen, den man „Frieden" genannt hat. Nichts verband viele junge Deutsche in Ost und West so sehr wie ihr Entschluß, nicht in die waffenstarrenden Armeen der NATO und des Warschauer Paktes mit ihren ungeheueren nuklearen Arsenalen einzutreten. Der Preis für diese Form des Widerstandes war in den kommunistisch regierten Staaten höher, doch ging der ostdeutsche Staat (und das sprach für ihn) sogar in gewissem Umfang darauf ein. Er stand damit unter den mit ihm verbündeten Staaten des Ostblocks einzig da.

Der große moralische Eifer junger – und nicht so junger – Antimilitaristen, ihre große natürliche Leidenschaft wird jedoch zu Haß auf die Menschen und Strukturen, die jeweils innerhalb der eigenen Gesellschaft Macht verkörpern. Dies führt zu der paradoxen Situation, daß Berufssoldaten (insbesondere dann, wenn sie einen Krieg erlebt und im Fronteinsatz gestanden haben) oft sehr viel friedfertigere Menschen sind als die sogenannten „Friedenskämpfer". Wenn es eine Rechtfertigung für die Existenz spezifisch christlicher Friedensgruppen innerhalb der Friedensbewegung gibt, so besteht sie darin, Menschen, die gegen den Aufbau von Feindbildern kämpfen, davor zu bewahren, ihrerseits neue Feindbilder entstehen zu lassen. 1986 riskierte man in Großbritannien, ausgepfiffen zu werden, wenn man, wie ich, eine Ansprache an die vorwiegend jugendlichen Teilnehmer einer Versammlung der „Ostermarschbewegung" (englisch: CND *Campaign for Nuclear Disarmament*) mit den Worten begann: „Wir sind hier nicht gegen Margaret Thatcher und Ronald Reagan, sondern für alle Menschen, wo sie auch leben".

Dies wurde mir noch massiver bei einer unter kirchlicher Regie stattfindenden „Friedenswerkstatt" in einem Vorort Ostberlins zum Bewußtsein gebracht. Hier waren zwei- bis dreitausend junge Leute zusammengekommen, um deutlich zum Ausdruck zu bringen, was sie von dem System hielten, in dem sie lebten. Es waren zornige junge Leute, ebenso zornig über die sowjetische Militärmacht wie junge „Ostermarschierer“ der CND über amerikanische *Cruise-Missiles* in England.

In einer Ecke eines Kirchgartens kündigte ein großes Schild in englischer Sprache an, daß hier *Speaker's Corner* sei. Hier war eine Oase des total freien Wortes. Wohl nur wenig von dem, was die hier versammelten Menschen fühlten, blieb ungesagt. Plötzlich sprach mich einer der jungen Leute an: „Haben Sie für uns nicht eine Botschaft aus dem Westen?“ Ich hatte gehofft, mein Taizé-Kreuz, das die Form einer Taube hat, besäße auch ohne Worte Signalwirkung. „In Ordnung“, erwiderte ich, „aber vielleicht gefällt Ihnen meine Botschaft gar nicht: Ich begrüße jeden Widerstand gegen den Militarismus Eurer Gesellschaft und hoffe, ich hätte, wenn ich hier lebte, ebensoviel Mut wie Ihr. Aber Ihr könnt noch mehr für den Frieden tun. Fast jede Stadt in der DDR hat eine sowjetische Garnison. Dort wohnen Offiziere mit ihren Familien. Doch sie sind total von Euch, ihren deutschen Nachbarn, isoliert. Der menschliche Kontakt beschränkt sich auf offiziell geförderte „Freundschaftstreffen“. Warum fangt Ihr nicht an, diese Barriere zu durchbrechen? Ihr alle müßt in der Schule Russisch lernen. Warum überwindet Ihr nicht Eure antisowjetischen Komplexe und wendet Euer Russisch auch an? Warum wünscht Ihr einer russischen Familie, wenn Ihr ihr auf der Straße begegnet, nicht in ihrer Sprache ‚Guten Tag‘?“

Die Antwort war langes Schweigen. War es ein Schweigen der Betroffenheit oder der Verärgerung? War ich denn überhaupt fair, fragte ich mich. Wie viele Angehörige der britischen Friedensbewegung haben je die Familien von Amerikanern zu sich eingeladen, die in Großbritannien stationiert sind? Doch wenn ich darüber nachdachte, wußte ich, ich hatte das Richtige gesagt. Das war meine kritische Solidarität mit einer Gruppe großartiger junger Leute. Das Evangelium ist dafür da, die besten von ihnen zu beunruhigen – und uns alle.

Nach dem langen Schweigen witzelte der zuhörende Schriftsteller Stefan Heym: „Also gründen wir unsere eigene ‚Gesellschaft für Deutsch-Sowjetische Freundschaft'!" – sicherlich waren viele bereits Mitglieder der offiziellen Gesellschaft dieses Namens. Die Menge brach in Gelächter aus.

Werden die Lord Chalfonts, die Kalten Krieger dieser Welt je lernen, daß die Dinge niemals ganz so waren, wie sie zu sein schienen? Sie hätten weit, weit reisen müssen, um die Gehirnwäsche-Welt ihrer Phantasie zu finden.

Gott liebt auch Terroristen
Bei der RAF im Knast

„Man sagt, Herr Domherr, Sie besuchen in Ihrer Freizeit Terroristen im Gefängnis!" Die Szene spielte sich in der *Grocer's Hall* in der Londoner City ab. Ich wurde von den – allerdings nur teilweise anwesenden – Mitgliedern des Kirchenvorstandes von *St. Mary-le-Bow* interviewt. Sie wollten herausfinden, ob ich ein geeigneter Pfarrer für ihre altehrwürdige Kirche wäre. Tatsächlich waren sie schon lange der Überzeugung, der Erzbischof von Canterbury müsse meinen Namen in einem Anfall von Sonnenstich auf die Vorschlagsliste gesetzt haben. Während ein livrierter Butler Tee servierte, brachte ich es fertig, ihnen zu versichern, daß ich der Londoner City, der Welt der Finanziers und der Börse, nicht halb so viele Unannehmlichkeiten bereiten würde wie einst Jesus der Stadt Jerusalem. Doch schämte ich mich auch. Denn in Wahrheit war ich nicht ganz der Radikale, als den sie mich ansahen. Aber ich blieb meinem Ruf treu. So dankbar ich dem Erzbischof war – ich lehnte die ruhmreiche Stelle ab. Ich hoffe, es geschah nicht nur aus Feigheit.

Doch sie hatten recht, wenn sie mich nach Besuchen bei inhaftierten Terroristen fragten. Nicht lange zuvor hatte ich eine Menge Zeit (aber alles andere als meine Freizeit) bei Terroristen verbracht. Die Lage in Westdeutschland war 1977 verzweifelt. Etwa vierzig tatsächliche oder angebliche Mitglieder der Baader-Meinhof-Bande (oder – wie sie selbst sich nannten – der Roten-Armee-Fraktion) saßen im Gefängnis (viele noch ohne Gerichtsurteil) und waren in den Hungerstreik getreten. Einer von ihnen, Holger Meins, war gestorben. Aus Rache dafür war in Berlin ein Richter ermordet worden, und man fürchtete weitere Todesfälle.

Die Familien der Gefangenen traten durch die Schwester des einen von ihnen an mich heran. Wäre ich bereit, meinen Dienst als Vermittler zwischen dem Staat und den Gefangenen anzubieten – dies mit dem einzigen Ziel, daß der Hungerstreik beendet würde, der viele Häftlinge dem Tode nahe gebracht hatte? Die Entscheidung fiel mir nicht leicht. Daß es sich um Gefangene aus Gewissensgründen handelte, davon konnte auf gar keinen Fall die Rede sein. Doch würde ich als Vorsitzender der britischen Sektion von *Amnesty International* nicht den Eindruck vermitteln, es wären für uns in der Tat *Amnesty*-Fälle?

Schließlich bekam die Möglichkeit, Menschenleben zu retten, den Vorrang vor allen anderen Erwägungen. Ich stimmte also zu, vorausgesetzt, ich ginge einfach als Geistlicher hin, ohne jegliche Publizität. Dabei hing natürlich alles davon ab, ob mich die Bonner Regierung und die Gefangenen selbst in dieser Rolle akzeptierten.

In den beiden anschließenden Wochen reiste ich zwischen Gefängniszellen in Stuttgart, Hamburg, Berlin, Mainz und dem Sitz des Generalbundesanwalts in Karlsruhe hin und her. Für mich war es die schwerste Probe, auf die meine Aufgeschlossenheit gegenüber Menschen gestellt wurde, denn identifizieren konnte ich mich mit keinem von ihnen. Konnte ich mich überhaupt in ihre Lage hineindenken – oder, wichtiger noch, hineinfühlen? Ob ich Erfolg hatte (oder wenigstens einen Teilerfolg) hing ganz *davon* ab. Es mußte möglich sein. Aber wie, fragte ich mich. Angesichts dieser Aufgabe war die Versuchung groß, die falschen Gebete zu beten, den Schwarzen Peter wieder an Gott zurückzugeben. So versuchen wir, uns stets aus unserer Verantwortung zu ziehen – aus Furcht vor den Konsequenzen eigenen Versagens.

Was die seelische Dimension dieser Aufgabe angeht, so unterschied sie sich im Prinzip überhaupt nicht von allen anderen menschlichen Begegnungen. Der praktische Unterschied – und der war enorm – bestand darin, daß ich plötzlich in eine Welt staatlicher Hochsicherheitsmaßnahmen einerseits und revolutionärer Utopien andererseits hineingeschleudert wurde. Das erforderte die radikale Umstellung auf Bereiche, in denen das Abnorme zur Norm wurde. Wo war in all dem Platz für Gott? Nicht irgendwo draußen, mit der Macht einzugreifen. Es gab keinen göttlichen Puppenspieler mit unsichtbaren Schnüren, die in Zellen, Gerichtshöfe und Staatskanzleien führten, sondern einen lebenden, leidenden und vielleicht sterbenden Gott im Herzen jedes einzelnen, der an dieser Tragödie beteiligt war.

Im Hamburger Untersuchungsgefängnis wurde ich nicht in die Zellen gelassen, sondern man brachte mir die Gefangenen, denen ich in einem Sprechzimmer an einem langen Tisch gegenübersaß. An der Wand hingen eingerahmt hinter den Häftlingen Worte Dietrich Bonhoeffers, die ich in diesen anstrengenden Wochen nie vergessen sollte: „Wer einen Menschen verachtet, wird niemals etwas aus ihm machen."

Vielleicht ist es nicht verwunderlich, daß die einzigen Menschen, die ich schließlich beinah verachtete, einige der drahtziehenden Anwälte der Angeklagten und die skrupellosen Journalisten waren, für die der Hungerstreik und meine Aufgabe, die sie fast zum Scheitern brachten, einfach nur eine einträgliche Geschichte war, wie andere Sensationsmeldungen auch. Und während dieser Wochen erkannte ich die Bedeutung eines Satzes von Victor Hugo: „Nicht die Qualität der Kirchen, sondern die der Gefängnisse ist Gradmesser für die Qualität des Lebens einer Nation." In einer Hinsicht wandte sich der Hungerstreik gegen die Qualität des bundesdeutschen Strafvollzugs. Die Mitglieder der Roten-Armee-Fraktion befanden sich in offener Revolte gegen die Art, wie man sie als Terroristen behandelte, und forderten unter anderem, zusammengelegt und als politische Gefangene behandelt zu werden. In anderer Hinsicht aber setzten die

Gefangenen einfach auf jede erdenkliche Weise ihren Kampf gegen die Gesellschaft fort.

Wie in jedem Konflikt dieser Art erhob sich die Frage: Gab es irgendeine Chance, die beiden Seiten dazu zu bringen, einander Minimalzugeständnisse zu machen? Keine konnte es sich leisten, das Gesicht zu verlieren. Die Gefangenen mußten ihren Kampfgeist und ihre Solidarität behaupten, die Behörden aber durften sich schon wegen der öffentlichen Meinung nicht einmal kompromißbereit zeigen. Dennoch gab es für beide Seiten offene Bereiche. Sie zu nutzen, beeinträchtigte weder die Selbstachtung der Gefangenen noch die Staatssicherheit. Und so endete schließlich (wobei meine Vermittlerrolle allein nicht ausschlaggebend war) der Hungerstreik ohne weitere Verluste an Menschenleben.

Was hatte ich gelernt? Vor allem dies, daß sogar Terroristen und professionelle Antiterroristen Individuen bleiben, die sich erheblich voneinander unterscheiden. Zwar kann man über eine terroristische Bewegung einerseits oder ein Strafsystem andererseits durchaus Kollektivurteile fällen, doch wenn man die Menschen, die beteiligt sind, einfach in einen Topf wirft oder über einen Kamm schert, wie wir das oft tun, vergessen wir ganz die Einzigartigkeit jeder menschlichen Persönlichkeit.

In der menschlichen Natur liegen oft das Beste und das Schlimmste nahe beieinander. Zwischen Idealismus und Fanatismus bestehen enge Beziehungen. Die meist jungen, ausgemergelten Frauen und Männer, die ich gewöhnlich in ihren Zellen besuchte, waren Idealisten und Fanatiker zugleich und verfügten über jenes Maß an Selbstgerechtigkeit, das auch bei Menschen mit leidenschaftlicher religiöser Überzeugung nicht selten ist. Eine der wenigen Gemeinsamkeiten fast aller dieser Gefangenen war die Gewißheit, daß sie nicht nur ihren Häschern, sondern der gesamten Gesellschaft moralisch überlegen wären. Daß sehr wenige ihre Zerstörungswut teilten, die alles zerschlagen wollte, bevor eine neue

Gesellschaft entstand, machte sie um so sicherer, daß sie recht haben müßten. Die Wege, die sie dorthin geführt hatten, wo sie sich jetzt befanden, konnten nicht unterschiedlicher sein. Sie reichten von der Philosophie, in der einige von ihnen recht fundierte Kenntnisse besaßen, bis hin zu verwegenem Abenteurertum, doch praktisch alle redeten sich ein, sie seien die Vorhut einer neuen Revolution. Eines Tages, davon waren sie überzeugt, würde die Welt sie ehren.

Auch Religion – und darüber hatte ich viel Anlaß nachzudenken – ist Ausdruck des Besten und Schlimmsten sowohl bei Individuen als auch in der Gesellschaft. Oder besser: Sie ist es in ihren reinsten Formen ohne die Korrektur durch die Alltäglichkeiten des Lebens. Die Grenzen zwischen Heiligkeit und Wahnsinn, zwischen Frömmigkeit und Besessenheit, sind schmal. Einer Vision treu zu bleiben, kann auch als Deckmantel dafür dienen, daß man seinen Aggressionen und Ängsten freien Lauf läßt und sie anderen aufbürdet, die diese Vision nicht teilen.

Unter denen, die Ulrike Meinhof und Andreas Baader auf Gedeih und Verderb anhingen, befanden sich junge Menschen, deren jugendlicher Idealismus tief religiöse Züge trug. Dies trifft auf niemanden mehr zu als auf die stärkste Persönlichkeit unter den Frauen der Gruppe: Gudrun Ensslin, Andreas Baaders Mentorin und Liebhaberin.

Sie brachte es fertig, ihre Grundsätze, ihre Ablehnung des Bestehenden und ihre Bereitwilligkeit, für eine bessere Sache zu sterben, in einer Sprache zu rechtfertigen, die an den stursten Pietismus erinnerte. Der Gott ihrer strengen evangelischen Erziehung hatte sie enttäuscht. Aber sie brauchte für Geist und Seele einen Ersatz-Gott. Ihr Geist war ungebrochen, sogar, als sie dem Tode nahe war – überzeugend genug, um andere in anderen Gefängniszellen mitzureißen.

Keine Begegnung in diesen Wochen gab mir mehr zu denken als die mit Gudrun Ensslins Eltern – ihrem Vater, einem gottesfürchtigen lutherischen Pastor, und seiner Frau, einer fast archetypischen „christlichen Frau". Frau Ensslin begriff das volle Ausmaß der Tragödie ihrer Tochter nur allzu gut. Weinend sagte sie zu mir: „Wenn wir Gudrun nur nicht so fromm erzogen hätten!" Spricht dies gegen christliches Engagement? Gegen Religion, die mehr als lauwarm ist? Gegen ein Gottesbild, das die ganze Persönlichkeit in Anspruch nimmt?

Ich empfinde Sympathie für alle, die glauben, dies sei der Fall. Ich habe tiefstes Mitgefühl für alle, deren Leben Wunden aufweist, welche ihnen eine der zahlreichen destruktiven Formen der Religion geschlagen hat – einer Religion, die entweder eine Flucht vor der Wirklichkeit oder einen wildentschlossenen Versuch darstellt, die Wirklichkeit nach irgendeinem moralischen oder dogmatischen Prinzip zurechtzubiegen. Ich bin überhaupt nicht maßlos schockiert, daß die ehemaligen Machthaber der Sowjetunion als möchtegern-sozialistische Erben der Aufklärung Gesetze gegen die Religion erließen, wie wir (und übrigens sie auch) gegen Pornographie. Religionsausübung war nur Erwachsenen gestattet, die dies ausdrücklich wünschten, und dann nur im privaten Rahmen. Für Kinder galt Religion als gefährlich. Von ganzen Völkern ausgeübt, führt sie, so meinte man, zum Krieg. Und man ging davon aus, daß sie erheblich zur Unterdrückung der Frauen, zu Sexualneurosen und zu persönlicher Verbitterung beitrage.

In christlichen Kreisen ist es Mode geworden, derartige Kritik als marxistischen oder freudianischen „alten Hut" abzutun, denn auch Marx und Freud haben als Götter versagt. Doch braucht man die beiden Propheten von damals gar nicht anzuführen, um die Religion zu durchschauen. Jesus tat es. Er tat es mit viel größerer Eindringlichkeit und wurde dafür hingerichtet.

Worin besteht der Unterschied zwischen der totalen Hingabe einer Gudrun Ensslin und der ebenso intensiven Hingabe eines Daniel Berrigan? Ging es beiden nicht um vergleichbare Ziele? Die kurze Antwort lautet: Daniel Berrigan hatte Humor, Gudrun Ensslin nicht. Der Heilige erkennt sich als fehlbaren Sünder und verfällt nie in den Fehler, sich selbst für Gott zu halten. Er nimmt sich nicht so ernst, daß kein Raum für selbstkritisches Lachen mehr bleibt. Außerdem ist der Heilige, der realistische Anforderungen an sich stellt, viel weniger als der Eiferer in Gefahr, in Depressionen zu verfallen. Der Heilige ist so wenig vom Erfolg abhängig als Jesus selbst.

Das wirft die Frage auf, warum der Jesus des Neuen Testaments wohl weinen, aber nicht lachen darf. Ich kann mich des Verdachts nicht erwehren, dies sage mehr über Paulus und die Evangelisten aus als über Jesus selbst. Die Wirkung auf die meisten christlichen Theologen – und infolgedessen auf die Kirche – war katastrophal. So entschlossen waren die Autoren des Neuen Testaments, Jesu „Anderssein" zu betonen, daß die Weisheit des rabbinischen Humors völlig unterging. Was ich damit meine, verdeutlicht ausgezeichnet der Reifungsprozeß eines der bedeutendsten Theologen unseres Jahrhunderts: Karl Barth. Barth begann als strenger, dogmatischer Bekräftiger der geoffenbarten Wahrheit und endete als warmherziger, selbstkritischer („Ich bin kein Barthianer!") Bejaher der Menschlichkeit Gottes, der sich der Realität am nächsten fühlte, wenn er Mozart hörte oder in schlichten, nüchternen Worten Baseler Gefängnisinsassen seine Vision der Liebe Gottes erläuterte. Der junge und der alte Barth waren zwei sehr unterschiedliche Menschen, ebenso wie der junge und der alte Marx, nur daß sich Marx leider in die entgegengesetzte Richtung entwickelte. Aus einem leidenschaftlichen Journalisten voller Mitmenschlichkeit wurde er zu einem Gesetzgeber, der sich für fast unfehlbar hielt. Das traurige Ergebnis ist, daß viele Aspekte des Marxismus bald schon den schlimmsten Aspekten der Religion zu gleichen begannen – jener Religion, die er verworfen hatte.

Der Priester am Krankenbett, ja sogar am Bett eines Todkranken, weiß sehr wohl, wie die, die Gott nahe sind, oft selbst noch unter Schmerzen fähig sind zu lachen. Ein solches Lachen - oder gar die derben Krankenhausspäße - fand bei keinem meiner Besuche bei den Gefangenen aus der deutschen Terroristenszene statt. Einige waren dem Tod nahe. Alles, was für sie wirklich zählte, war, mir zu beweisen, wie gerecht ihre Sache sei, und mir ihre Verachtung für die mir unterstellte Abhängigkeit von bürgerlichen Wertvorstellungen zu zeigen.

Allerdings behandelten mich die Vertreter des Staates, der diese Werte verkörperte, mit gleicher Geringschätzung, wenn auch mit größerer Höflichkeit. Auch hier also gab es kaum Humor. Dennoch waren die Hauptakteure auf beiden Seiten menschlich genug, um mich als Person ernstzunehmen, wenn auch jeder argwöhnte, ich stünde dem Gegner gefährlich nahe. Und paradoxerweise hatten ja beide sogar recht.

Das Kreuz, das ich mit diesen fanatischen Gefangenen, dem aufgescheuchten Bewacherstab und den verstörten Behörden teilte, hing eng mit dem Versagen der „christlichen" Gesellschaftsordnung zusammen, die frohe Botschaft der Befreiung des Menschen darzustellen. Dann muß ich aber noch berichten vom Besuch bei der einzigen Gefangenen, in die ich mich wirklich einfühlen konnte. Ich meine Ulrike Meinhof. Sie war ganz anders als alle anderen. Ja, sie war mit ihnen nicht einmal mehr solidarisch. Bei ihr zu sein, hieß, sich in der Hölle der totalen Verzweiflung zu befinden. Ich konnte ihre seelische Verfassung mit dem Verzweiflungsschrei in Verbindung bringen, den Jesus in seiner äußersten Verlassenheit am Kreuz ausstieß. Sie war über das Weinen hinaus. Wir verstanden uns, obwohl wir fast nur schwiegen. Aber trotz ihres Schweigens konnte ich sie verstehen, denn ich wußte einiges über ihre Pilgerfahrt zur Hölle.

Auch sie war als gläubige Christin erzogen worden, dies von einer strengen und klugen pazifistischen Stiefmutter, die an ihre Adoptivtochter hohe intellektuelle Erwartungen stellte. Sie wurde nicht enttäuscht. Ulrike Meinhof wurde eine der angesehensten liberalen Fernsehjournalistinnen Westdeutschlands. Ihre Features zur sozialen Lage prägten eine ganze Generation junger, radikaler Idealisten. Und sie war schön. Verheiratet mit einem reichen Verleger. Dann wurde sie Mutter von Zwillingen. Sie hatte das Zeug zu einer deutschen Jane Fonda. Doch ihr Idealismus ließ ihr keine Ruhe. Er begann, an ihrer Seele zu nagen. Ihr Wohlstandsleben ekelte sie an, ihr Profit, den sie aus dem Elend derer schlug, die keine Hoffnung hatten, an diesem Leben Anteil zu nehmen. Änderten ihre Dokumentationen tatsächlich etwas, wenn sie der Liebling jener pseudoradikalen Hamburger Schickeria blieb, für die ihr reicher Ehemann stand?

Eines Abends warf sie alles hin. Kinder, Ehe, Welt und Status. Für sie war dies nur mit dem Aufbruch des heiligen Franziskus zu vergleichen. Sie zog in eine pazifistische Kommune. Doch bald schon zerrann ihr Traum von sich selbst aufgebender Gewaltlosigkeit. War diese nicht nur eine andere Form der Nachgiebigkeit gegen sich selbst? Durch ihren neuen Lebensstil konnte sie den Armen der Welt noch weniger helfen als zuvor. Auch *flower power* und Selbstverleugnung waren also kein Weg zur Gerechtigkeit. So geriet sie in die revolutionäre Szene der späten sechziger Jahre. Ihr neues Vorbild war Ché Guevara. Die Befreiung kam aus Gewehrläufen. Und zwar nicht nur in der „Dritten Welt“. Andreas Baader, ein junger, romantischer Träumer ohne den geringsten Anflug von Intellektualismus, fand nun in Ulrike eine Partnerin, die sowohl Glanz als auch Engagement besaß und ihn weiterbrachte, so daß er Lenin, Mao und Marcuse zu verstehen begann. Und in Gudrun Ensslin hatte er eine Geliebte mit noch viel schärferem Intellekt. Nur wenig mehr war erforderlich, um andere um sich zu scharen und mit der Veränderung der Welt zu beginnen. So begann die Mordkampagne gegen das kapitalistische System, die zu nichts führte. Ulrike Meinhof war die einzige unter den Gefangenen, die einsah, daß jeder Schritt der Selbstentsagung sinnlos war. Nun auch ihr Hungerstreik. Die anderen wußten, daß Ulrike innerlich aufgegeben hatte. Es war ihr gleich, ob sie lebte oder starb. Darüber war sie hinaus. Und ich wußte – oder glaubte zu wissen –, daß jedes Wort über Gott für sie eine letzte Grausamkeit wäre. Denn sie hatte ihre Höllenfahrt begonnen, um die Forderungen dieses Gottes zu erfüllen. Ich konnte nicht mehr tun, als ihre innerliche Leere mit ihr zu teilen, ohne zu wissen, ob ich eine verlorene Sünderin oder eine gerettete Seele vor mir hatte, die die Hölle mit Jesus teilte. Das Geheimnis war zu tief. Nur eines war mir so klar, wie etwas einem Menschen klar sein kann: Was auch immer mit den anderen geschehen sollte – *sie* würde sterben.

Als die anderen wieder Nahrung zu sich nahmen, fing auch sie wieder damit an. Aber sie blieb Außenseiterin. Nicht sehr viel später erhängte sie sich. Wenn für sie auf der langen Straße, die zum Vater führt, kein Platz im Paradies ist, so zweifle ich, ob es einen für mich gibt.

Als ein Journalist des SPIEGEL über meine Aufgabe schrieb, bereitete er ihr damit praktisch ein Ende. Die Gefangenen waren nun entschlossen, auf jeden Fall weiterzuleben, um die nächste Runde ihres Kampfes durchzufechten. Ich hatte getan, was ich konnte, und sie waren nicht mehr willens, mit mir zu reden. Daß ein dahergelaufener bürgerlicher Pfaffe aus England, der nicht einmal auf ihrer Seite stand, geholfen haben sollte, sie zum Abbruch ihres Hungerstreiks zu bewegen, paßte ihnen nicht. Warum auch? Nun hatte ich – für zwei bis drei Tage – eine ganz andere Rolle übernommen. Ich wandte mich an die Öffentlichkeit. Es war fast Weihnachten. In dem Fernsehmagazin *Panorama* und anderen deutschen Radio- und Fernsehprogrammen versuchte ich, so gut es ging, den fanatischen Haß einzudämmen, der diesen Gefangenen von einem großen Teil der westdeutschen Bevölkerung entgegenbrandete. Viele hatten gehofft, sie würden sich zu Tode hungern. Ich hatte keine Wahl, als meine Überzeugung weiterzugeben. Auch in diesen Gefangenen sei Gottes Ebenbild lebendig, so sehr es auch verborgen sei. Keiner von ihnen sei jenseits jeglicher Erlösung. Ihnen den Tod zu wünschen, sei eine faschistische, unchristliche Reaktion. Ich lobte auch viele Beamte im Strafvollzug, die – so schwer es für sie war – sich ausgesprochen menschlich verhielten. Nur wenige von ihnen verdienten die Kübel Unrat, die ihnen allen in der linken Szene über den Kopf gegossen wurden.

Ich weigerte mich im Fernsehen, die beiden gegnerischen Fronten entmenschlichen zu lassen, ganz gleich, um welche der beiden Seiten es ging. Ich erwartete wenig Sympathie dafür. Um so herzerwärmender war es, als in einem Hamburger Warenhaus, wo ich noch vor meinem Rückflug nach London ein paar Weihnachtseinkäufe erledigte, wildfremde Menschen auf mich zukamen, meine Hand ergriffen und sich bedankten. Wenigstens ein paar also wußten, worum es beim Weihnachtsfest tatsächlich geht. Karfreitag und Ostern auch. Ich war reich belohnt. Aber ich mußte den Blick für die Wirklichkeit behalten und einsehen, daß diejenigen, die den Gründen des gewaltsamen Protestes nachgehen wollen, eine kleine Minderheit sind, ob in England oder Deutschland oder sonstwo. Den meisten geht es lediglich darum, die Täter zu entfernen. Und als mich die Kirchenvorsteher in der Londoner City fragten, ob es der Wahrheit entspräche, daß ich Terroristen im Gefängnis besucht hätte, hieß das: Für einen anständigen und ehrenwerten Geistlichen schickt sich das nicht. Tatsächlich – als der mutige, einem biblischen Propheten ähnelnde Berliner Bischof Ulrike Meinhof im Gefängnis besuchte, wie es seine Pflicht als Seelsorger war, erschien am nächsten Morgen die Bildzeitung mit dem Aufmacher: „Scharf, Bischof des Terrors!“

Es bleibt dabei – die meisten Christen, aber auch die Kirchen als Institutionen haben Angst davor, sich mit denen zu identifizieren, die die Gesellschaft ausgeschlossen hat, ganz gleich, worin das Verbrechen besteht, das man ihnen zur Last legt. Jesus dagegen setzte unablässig seinen guten Namen aufs Spiel, weil er sich „in schlechter Gesellschaft" befand.

Hier nun kommt meiner persönlichen Erfahrung allgemeine Bedeutung zu. Sehr wenige von uns stehen im Arbeits- und Privatleben nicht irgendwann einmal vor der Frage, ihren Ruf aufs Spiel setzen zu müssen, um jemandem zur Seite zu stehen, der sonst allein bliebe. Mag sein, daß ein solcher Mensch unsere Freundschaft nicht verdient. Doch das ist erst recht ein Grund, sie ihm aus freien Stücken anzubieten.

Im Sakrament des Abendmahls bietet Gott jedem Sünder, der es haben will, nicht nur Freundschaft, sondern sein Leben. Das Angebot gilt für einen abgeurteilten Mörder in einem Gefängnis Ihrer Britischen Majestät ebenso wie für die Königin selbst. Die Königin wird dadurch nicht auf das Niveau des Gefangenen herabgezogen, sondern beide hebt Gott auf seine Ebene. Wir sind noch weit davon entfernt, zeigen zu können, daß wir verstehen, was das bedeutet. In einem Lande, dessen Bevölkerung so auf Zeremonien schwört und dermaßen am Königshaus hängt wie Großbritannien, wäre es beispielsweise ein klares und deutliches Zeichen, wenn die Königin, die gleichzeitig das weltliche Oberhaupt der Kirche ist, sich dazu entschließen könnte, an einem Gottesdienst im Gefängnis teilzunehmen und als erlöste Sünderin neben anderen erlösten Sündern zu knien, unter denen durchaus ein verurteilter Terrorist sein könnte. Es wäre eine symbolische Demonstration der frei waltenden Gnade Gottes. Gottes Gnade ist frei, aber nicht billig!

Wie schwer es für den Durchschnittsmenschen ist, einfach menschlich zu bleiben, kam mir niederschmetternd zum Bewußtsein, als ich zwei der eingekerkerten Terroristen besuchte, die so schwach und dem Tode so nahe waren, daß man sie mit dem Hubschrauber in die Mainzer Universitätsklinik geflogen hatte. Das Sicherheitsproblem war so heikel, daß ein ganzer Krankenhausblock geräumt wurde, um diese beiden Männer aufzunehmen, die zwischen Leben und Tod schwebten. Das ganze Gebäude war von Stacheldraht umgeben und von Polizisten umstellt.

Man hatte gerade dieses Krankenhaus ausgewählt, weil der dort tätige Professor im Rufe stand, über einzigartige Kenntnisse und Fähigkeiten auf dem Gebiet der Reanimation und der Lebenserhaltung in Extremsituationen zu verfügen. Er übernahm es, die beiden Männer zu versorgen, unter der Bedingung, daß seine medizinische Integrität voll gewahrt bliebe. „Sie werden für mich Patienten sein wie alle anderen. Ich werde, was sie betrifft, von niemandem Befehle entgegennehmen und mir auch keine Behandlungsmethode vorschreiben lassen. Ich werde versuchen, sie am Leben zu erhalten, aber nur, wenn sie zustimmen."

Es erhob sich die Frage, wer dem Professor zur Seite stehen würde. Keiner der Mitarbeiter des Krankenhauses, darauf bestand er, sollte gezwungen werden. So richtete man an das gesamte medizinische und pflegerische Personal des Krankenhauses einen Appell. Mehrere hundert Menschen arbeiteten in der Klinik, doch nur sieben meldeten sich freiwillig. Es waren gerade so viele, wie man brauchte, um rund um die Uhr die Intensivpflege der beiden Gefangenen sicherzustellen. Einer der Freiwilligen war der medizinische Leiter des Krankenhauses, hinzu kamen ein junger Arzt und fünf Pflegekräfte. Angesichts der medizinischen Berufsethik, der hohen Berufung, alle Menschen zu heilen, ganz gleich, um wen es sich handelt, hätte man erwarten müssen, daß sich fast alle freiwillig zur Verfügung gestellt hätten. Tatsächlich haben diese sieben – und vor allem der Professor mit seiner beeindruckenden Ehrfurcht vor dem Leben – dadurch, daß sie sich zur Verfügung stellten, gleichzeitig aber eine Zwangsernährung der Gefangenen ablehnten, die Ehre jener Klinik und der gesamten deutschen Medizin gerettet.

Gern hätte ich gewußt, wie viele Christen zum Personal der Klinik gehörten. Sieben, die vielleicht Christen waren, vielleicht auch nicht, nahmen für alle das Kreuz auf sich. Die Gefangenen überlebten.

Dieses Kapitel der deutschen Geschichte nahm kein gutes Ende. Ein Ausweg aus der persönlichen, sozialen und politischen Tragödie war nicht abzusehen. Nachdem Ulrike Meinhof Selbstmord begangen hatte, kamen Andreas Baader, Gudrun Ensslin und Jan-Karl Raspe gewaltsam ums Leben. Die offizielle Version lautet, sie hätten sich selbst erschossen. Inoffiziell glauben manche, sie seien umgebracht worden. Beide Szenarien scheinen unglaubhaft. Eine der Versionen aber muß wahr sein. Nur ganz wenige wissen wohl, wie es wirklich war. Eine weitere Gefangene, die ich besuchte, war Ingrid Schubert, eine junge, von Idealen beseelte Ärztin, die sich später das Leben nahm. Ihrer Schwester verdanke ich die ungewöhnliche Auszeichnung, an diesem ganzen menschlichen Trauerspiel Anteil gehabt zu haben. Es brachte ja nicht nur für die Anführer der Roten-Armee-Fraktion den Tod, sondern auch für den Generalbundesanwalt Dr. Buback, mit dem ich lange Gespräche geführt hatte. Er wurde ermordet.

In den Häusern und auf den Straßen und in den Strafanstalten von Nordirland spielt sich ständig eine viel größere Tragödie ab – Tag für Tag und Woche für Woche. Und es gibt viele heldenhafte Christen, Männer und Frauen, ähnlich dem Mainzer Anästhesisten, mitten in diesem Konflikt. Aber es gibt viele andere Menschen, und die sind das eigentliche Problem. Worin besteht es?

Nicht im Terrorismus selbst oder den Menschen, die man gewöhnlich als Terroristen bezeichnet. An ihnen und ihrer Weltanschauung ist absolut nichts Neues. Die Sache hat viele Namen, doch im Kern besteht das Problem, so glaube ich, in der Weigerung der Gesellschaft einschließlich der meisten Christen, Ehrfurcht vor dem Leben zum höchsten Prinzip zu erheben.

Wenn die Interessen einer Nation, einer Klasse, einer Rasse oder einer Religion über das elementare Interesse der Erhaltung des Lebens gestellt werden, dann steht der Weg zum Terrorismus bereits offen. Wenn die „nationale Hoheit" Krieg rechtfertigt - Krieg, in dem unterschiedslos Unschuldige und Schuldige sterben -, dann kann man unmöglich mit dem Argument kommen, die Erklärung des Bürgerkrieges im Interesse einer Sache, die ihren Verfechtern heilig ist, sei unmoralisch. Genau darum geht es beim Terrorismus. Wenn man davon ausgeht, daß es nur eine Menschheit gibt, ist dann nicht jeder Krieg ein Bruderkrieg?

Wenn das Luftbombardement ganzer Städte unter Inkaufnahme des Todes von Hunderttausenden als normales Mittel der Kriegsführung gilt, oder wenn zumindest fünf sogenannte Kulturnationen darauf eingestellt sind, notfalls einen Atomkrieg zu führen, so ist es sehr merkwürdig, wenn ausgerechnet sie sich über die Explosion einer Autobombe entrüsten. Was auch andere immer davon halten mögen - dem Terroristen ist das Ziel, für das er sein Leben einsetzt, stets heilig. Der Unterschied ist nur: Der Terrorist trägt keine Uniform, die ihn mit einer gewissen Mystik umgibt und überall als Freibrief zum Töten höchsten Respekt genießt. Wird der Terrorist aber - wie beispielsweise in Nordirland - von einem erheblichen Teil der Bevölkerung unterstützt oder zumindest respektiert, dann besteht zwischen Terroristen und Soldaten praktisch kaum noch ein Unterschied. Dies zeigt sich dann, wenn der Terrorist des einen der Freiheitskämpfer des anderen ist. Unparteiische Außenstehende, die sich für keine der beiden Seiten entscheiden können oder wollen, sprechen dann neutral von Guerillakämpfern.

Zionistische Freiheitskämpfer, alias Terroristen, trugen wesentlich dazu bei, daß sich sozusagen mitten im Rachen des britischen Löwen der Staat Israel etablieren konnte, und Auge in Auge mit ihren zionistischen Gegnern kämpfen heute arabische Freiheitskämpfer/Terroristen für die Rechte der Palästinenser. Die IRA ist der Ansicht, gegen eine britische Besatzungsmacht zu kämpfen, und die Engländer verurteilen sie dafür. Der Maquis kämpfte gegen deutsche Besatzer, und in diesem Fall halfen die Engländer. Der amerikanische Präsident verurteilte den Freiheitskampf in El Salvador als Terrorismus, finanzierte aber die antisandinistischen Guerillas in Nicaragua. Die Liste derartiger Beispiele selektiver und letztlich willkürlicher Empörung, je nachdem, auf welcher Seite man steht, nimmt kein Ende.

Es ist die Anbetung militärischer Macht, der bedenkenlose, unhinterfragte Respekt vor militärischen Rangabzeichen (welch bessere Beispiele dafür gäbe es als die romantischen uniformierten Prinzen bei einer königlichen Hochzeit!), was den nicht minder romantischen Terrorist(inn)en ihre moralische Rechtfertigung liefert. Der Jesuitenpater Richard McSoreley, der dieses Argument enger, vielleicht zu eng, mit der Frage der atomaren Bewaffnung in Verbindung brachte, schrieb: „Die Wurzel der Gewalt in unserer heutigen Gesellschaft ist unsere Absicht, nukleare Waffen anzuwenden. Haben wir dem erst einmal zugestimmt, ist alles andere Böse im Vergleich dazu untergeordnet. Solange wir offenen Auges den Gebrauch atomarer Waffen in Kauf nehmen, ist jegliche Hoffnung auf eine umfassendere Verbesserung der politischen Moral zum Scheitern verurteilt."

Terrorismus im landläufigen Sinne des Wortes ist praktisch so alt wie die menschliche Zivilisation selbst. Wenn unter gewissen Umständen die Qualität des Lebens vieler nur dadurch verbessert werden kann, daß man andere tötet, und dies als moralisch gilt, darf man den Terrorismus nicht ohne weiteres verdammen. Ob ein besonderer Grund ihn rechtfertigt, wird immer eine Frage der persönlichen Beurteilung bleiben. Wenn man den ANC gutheißt, bedeutet das noch lange nicht, daß man die PLO oder die IRA billigen muß.

Sehr viel ernster ist es, daß man die Billigung des Tötens auf vom Staat unterstütztes Töten erweitert, mit anderen Worten: auf ein Töten, hinter dem ganze Nationen stehen. Das ist es, was schließlich zur Produktion von Massenvernichtungsmitteln führt. Terroristen – solange ihnen nicht selbst derartige Waffen in die Hände fallen – drohen wenigstens nicht, alles Leben zu vernichten. Dies bleibt vorerst ein Staatsmonopol. Heute stellen Regierungen die größere Menschheitsbedrohung dar. Es ist der Militarismus, der in seiner äußersten Konsequenz zerstören wird, was wir an Zivilisation, wenn nicht Schöpfung kennen; oder er erkennt die Absurdität und setzt sich selbst ein Ende. Dann wäre es sogar möglich, damit zu beginnen, dem Terrorismus, dem kleineren Problem, ein Ende zu setzen.

Alle diese Argumente sind auf rein säkulare Art dargelegt worden. Es kann allerdings sehr wohl sein, daß wir uns – der Ausrottung der Menschheit so nahe – besinnen und erkennen, daß Jesus seiner Zeit schlicht voraus war, wenn er empfahl, seine Feinde zu lieben. Weit entfernt davon, wilder Idealismus zu sein, könnte es sich als die einzige sinnvolle Überlebenschance erweisen. Seine Feinde zu lieben und unter gewissen Umständen lieber eine Niederlage hinzunehmen, könnte sich in Zukunft als die einzige praktische Form aufgeklärten Eigennutzes erweisen. Das von dem ermordeten Olof Palme entwickelte Konzept der „kollektiven Sicherheit" kommt vielleicht der Umsetzung dieses Gedankens in der Politik am nächsten.

Doch möchte ich nicht den Eindruck vermitteln, daß sich das Problem der Bekämpfung des Unrechts und der Beendigung von Gewalt ohne Leid, ohne das Kreuz lösen läßt. Für mich kommen die von Gandhi abgesteckten Leitlinien, so sehr Gandhi im Hinduismus verwurzelt gewesen sein mag, dem Geist Christi am nächsten. Sie könnten uns alle – Pazifisten und Nichtpazifisten – einem gerechten Frieden näherbringen. „Das Böse zu erkennen und ihm nicht entgegenzutreten", so Gandhi, „ist eine Kapitulation der Menschlichkeit. Das Böse zu erkennen und ihm mit den Waffen des Bösen entgegenzutreten, ist die Annahme der eigenen Menschlichkeit. Das Böse zu erkennen und ihm mit den Waffen Gottes zu begegnen, ist die Annahme der eigenen Göttlichkeit.“

Gandhi verurteilt weder den Soldaten noch den Freiheitskämpfer/Terroristen. Doch er weist auf einen besseren Weg hin: Es ist der Weg des Kreuzes. Wir können nur beten, daß die Menschheit zur Weisheit gelangt, ihr göttliches Potential zu erreichen.

Kreuz und Leidenschaft
Die Passion von Kalinin

Kalinin, es heißt inzwischen wieder Twer, wie vor der Revolution, ist eine öde Industriestadt an der endlosen Landstraße von Leningrad nach Moskau. Touristen aus dem Westen hat es wenig zu bieten. Und doch habe ich Grund – zwei Gründe –, mich an Kalinin zu erinnern wie an keine zweite Stadt der Sowjetunion. Beide symbolisieren das Kreuz auf höchst unterschiedliche Weise.

Ich war Mitte dreißig und arbeitete als Sekretär des Britischen Kirchenrates für Ost-West-Beziehungen. Man hatte mich zum Leiter einer Gruppe junger Leute ernannt, die im Zuge eines Austauschprogramms die Sowjetunion bereisten. Von Tilbury aus stachen wir auf einem russischen Kreuzfahrerschiff in See. Es sollte eine Art Urlaub werden, doch nicht nur das. Für uns alle war es jene Art von Erfahrung, die es uns ermöglichte, das Land, in das wir reisten, nie mehr nur klischeehaft zu sehen.

Die uneingeschränkt prosowjetischen Enthusiasten unter uns wurden zum Nachdenken gebracht, aber auch die größere Zahl derer, die sich in dem Gefühl auf das Abenteuer eingelassen hatten, es sei ziemlich mutig, in so ein schreckliches Land zu reisen. Ich besuchte die Sowjetunion keineswegs zum ersten Mal, diesmal aber nicht als offizieller Kirchenvertreter, sondern nur als Leiter einer Reisegruppe. Ich gab mich gar nicht als Pfarrer, und gerade das machte die Erfahrungen in Kalinin besonders denkwürdig.

Am zweiten Tag unseres Aufenthaltes in Kalinin machte ich mich am frühen Abend auf den Weg, um die russisch-orthodoxe Kirche zu finden. Ich wußte nicht einmal, ob es da eine gab, die geöffnet war – eine Kirche, die „arbeitete", wie die Russen sagen. Es war in den Regierungsjahren Nikita Chruschtschows, der zwar in vielen Dingen liberaler war als seine stalinistischen Vorgänger, doch eine heftige antireligiöse Kampagne entfachte und die Hälfte aller Kirchen wieder schließen ließ, die während des „Großen Vaterländischen Krieges" (wie die Russen den Zweiten Weltkrieg nennen) und in der unmittelbaren Nachkriegszeit geöffnet worden waren. Auch über einen großen Teil der Stadt Kalinin war die Kriegsfurie hinweggegangen. Nirgendwo war eine alte Kirche zu sehen.

Meine Suche brachte mich bis ganz an den Stadtrand. Dort fand ich die einzige Kirche, die noch „arbeitete". Und obwohl ich fast kein einziges Wort Russisch spreche, fand ich schließlich dank der Auskünfte, die ich von hilfsbereiten Menschen erhielt, das Haus des Priesters. Es war klein, aus Holz und ganz im üblichen Stil gebaut. Der Priester, so stellte sich heraus, hatte keine Familie, sprach kein Englisch und sehr wenig Deutsch. Doch immerhin Deutsch genug, um mich willkommen zu heißen und zum Bleiben aufzufordern. Dann verschwand er und kehrte mit einer Frau zurück, die sich als eine Art Meßnerin herausstellte und gutes Deutsch sprach. Beide waren vermutlich um die fünfzig Jahre alt.

Nie werde ich den langen Abend vergessen, der nun folgte. Obwohl ich vollkommen fremd war, wurde ich doch als Mitchrist und anglikanischer Priester mit uneingeschränkter Offenheit aufgenommen, ohne daß ich mich nach außen hin als solcher ausweisen konnte. Während eines langen, doch schlichten Abendessens stellte Vater Pavel mir viele Fragen. Doch natürlich hatte er mir zuvor seine restaurierte, wenn auch ebenfalls schlichte Kirche gezeigt. Und er bestand darauf, sich mit mir auf den Stufen ihres Portals fotografieren zu lassen.

Dann ließ er mich bei Tomaten, Gurken, Schwarzbrot und

Tee an seinem Leben und an den Erfahrungen seines Priesteramtes teilhaben, und so tat sich für mich das große, tragische Panorama der Geschichte des russischen Volkes während der beiden letzten Generationen auf. Oft hatte er alles verloren. Nur die Kraft des Geistes half ihm durch diese Zeiten. Wie fast alle Priester seiner Generation hatte er einen großen Teil seines Lebens in Gefängnissen verbracht. Er dramatisierte das nicht und ging auch nicht näher auf seine Leiden ein. Er schien einfach dafür dankbar, daß er leiblich und seelisch davongekommen war, von Bitterkeit keine Spur. Und nichts von dem, was er erzählte, war außergewöhnlich. Viele hatten während des Krieges und in der fast ebenso schlimmen Nachkriegszeit mehr gelitten als er.

Als wir miteinander gebetet hatten und ich gehen wollte, ging er zu einem Schränkchen, nahm eine Schachtel heraus und entnahm ihr ein silbernes Kreuz. Es war das Priesterkreuz, das er bei seiner Priesterweihe von seinem Bischof bekommen hatte. Er küßte mich auf beide Wangen und hing es mir um. Er wollte, daß ich es haben sollte, daß ich es behielte und nach England mitnähme, um es bei mir zu haben, wenn ich für Rußlands Christen betete. Zusammen mit ihm hatte es Stalins Konzentrationslager überstanden.

Ich zögerte, es anzunehmen. Doch die Tränen, die mir dieses Geschenk in die Augen trieb, ließen ihn immer dringender darauf bestehen, daß das Kreuz nun mir gehörte. Er lächelte: „Jetzt bin ich Erzpriester und trage ein prächtigeres Kreuz!" In den darauffolgenden Jahren sollte es für mich weit mehr als nur ein Symbol des Leidens sein, durch das Gutes über Böses triumphiert, es war das Zeichen – ein sehr schönes Zeichen – einer Einheit, die sowohl mystisch als auch praktisch, persönlich und politisch und in ihrem Kern voller Liebe ist – einer Einheit, die im Herzen Gottes schon Wirklichkeit ist – Jesus bezeichnet sie als „das Königreich". Für mich verkörperte dieses Kreuz wegen seiner Geschichte, wegen des Zeugnisses, des Martyriums, dessen Symbol es war, das Wesen der ökumenischen Bewegung.

Ich trug es später nur gelegentlich. Doch meine Freunde im Westen begriffen nicht recht, was es bedeutete, und meine orthodoxen Freunde, die seine Bedeutung sehr wohl kannten, waren irgendwie verwundert darüber, daß ich es besaß. Mir kam der Gedanke, Gott müsse mit diesem Kreuz noch andere Pläne haben, seine Pilgerfahrt sei noch nicht beendet.

Ein paar Jahre später wanderte – weit, weit von Kalinin entfernt – ein anderer meiner Mitpriester ins Gefängnis. Wir waren gemeinsam auf den Tafelberg bei Kapstadt gestiegen, und er hatte mir die Schönheiten der Landschaft um das Kap der Guten Hoffnung gezeigt. Während wir dort wanderten, hatte uns ein Spitzel der südafrikanischen Staatssicherheit beobachtet. Nun war David Russell Gefangener des Apartheidregimes. Ein gemeinsamer Freund brachte ihm das Kreuz. Es war wieder dort, wo es hingehörte, ein Bindeglied der leidenden Kirche, ein Zeichen der Hoffnung überall da, wo Angst und Verzweiflung herrschen. Ich wußte: Pavel und David waren eins durch das Kreuz, eins in einer weltweiten Schwestern- und Brüderschaft von Glauben, Hoffnung und Liebe.

Das Wort „Schwesternschaft" zwingt mich zu einem Nachwort. Bei den meisten Völkern gilt es als weibliche Tugend, ganz in den Hintergrund zu treten, in Rußland sieht man das bei Frauen als Zeichen ihrer Frömmigkeit. Doch hat nicht die Vorherrschaft der Männer so vieles in den Hintergrund gedrängt, was Frauen geleistet haben könnten? An jenem Abend in Kalinin verließ ich das Haus des Priesters bereichert durch diese Begegnung. Doch fast nichts davon wäre möglich gewesen, hätte nicht eine Frau in höchst einfühlsamer Weise unsere Worte übersetzt. Sie hat uns würdevoll und bereitwillig gedient. Erst später schien mir dies fast unerträglich, denn ganz sicher hatte auch sie eine nicht weniger interessante und nicht weniger seelisch bedeutsame Geschichte zu erzählen als

Vater Pavel. Verarmte Männer waren wir, ohne Einfühlungsvermögen, so wie die gesamte Kirche um so mehr verarmt, je weniger sie willens ist, Frauen den ihnen zustehenden Platz im kirchlichen Leben zuzugestehen.

Und dies bringt mich auf den anderen Grund dafür, daß Kalinin mir unvergeßlich bleibt. Ihr Name ist Katja. Wir waren Gäste des Komsomol, der kommunistischen Jugendorganisation, der fast alle Jugendlichen in der Sowjetunion angehörten. Ihre Leiter waren in der Regel eher über als unter dreißig. Gewöhnlich begann unser Programm an jedem neuen Ort, den wir besuchten, mit einem gemeinsamen Abend in einem Jugendclub, bei dem wir von den Komsomolführern bewirtet und unterhalten wurden.

Während unseres Besuches in Kalinin hatte Katja Urlaub von dem Werk bekommen, in dem sie als Chemie-Ingenieurin arbeitete. Sie und andere hatten den Auftrag, sich gut um uns zu kümmern. Sie sprach ein wenig Englisch. Ihr Ehemann war einer jener zahlreichen Griechen, die nach der Niederwerfung der griechischen Kommunisten Ende der vierziger Jahre in die Sowjetunion geflohen waren. Wie sie mir erzählte, arbeitete er als Bauingenieur an einem Projekt im Kaukasus. Kinder hatten sie nicht.

Ich fühlte mich in Katjas Nähe wohl. Ihr schien es ganz ebenso zu gehen. Sogar mit meinem entsetzlichen Tanzstil schien sie sich abgefunden zu haben. Der Gedanke, daß sie während der nächsten vier Tage meine Begleiterin und Fremdenführerin sein werde, ließ mir sogar die etwas öde wirkende Stadt in einem freundlicheren Licht erscheinen. Wir hatten es immer wieder gesagt und sagten es auch in unseren Begrüßungsansprachen, daß für uns die Bekanntschaft mit Menschen mehr zählte als die Besichtigung irgendwelcher historischer Stätten, Bauten und so weiter. Menschliche Beziehungen rangierten bei uns vor touristischem Interesse. Und tatsächlich entstanden zwischen unseren jungen

Leuten und einigen ihrer jüngeren Gastgeber vom Komsomol zahlreiche spontane Freundschaftsbeziehungen.

Die relative Liberalität der Chruschtschow-Ära machte alles leichter und lockerer als in früheren (und sogar auch in späteren) Jahren. Man durfte Russen zu Hause besuchen und wurde dazu geradezu aufgefordert. So geschah es, daß ich am dritten Tage meines Aufenthaltes in Kalinin von Katja eingeladen wurde. Ich nahm gern an. Noch immer besitze ich die wunderhübsch bemalten hölzernen Likörbecher, die sie mir an jenem Tage schenkte. Unsere Beziehung schien locker, entspannt und völlig harmlos. Bei mir kam keinerlei Signal des Gefühlssturmes an, der sich zusammenbraute. Vielleicht hatte ich nicht genug russische Romane gelesen, um die Gefahrensignale zu erkennen.

Der letzte unserer vier Tage in Kalinin war ein heißer Sommertag. Wir unternahmen einen Omnibusausflug hinaus aufs Land, machten eine Bootsfahrt auf einem Fluß, schwammen und landeten schließlich auf einer sandigen Flußinsel, um ein Sonnenbad zu nehmen. Noch immer nicht das geringste Anzeichen irgendwelcher Probleme, bis wir im Bus nach Kalinin zurückfuhren. In ihrem stockenden Englisch, doch klar und deutlich, erklärte mir Katja, sie sähe keine Möglichkeit mehr, ohne mich zu leben. Ich müsse bei ihr in Kalinin bleiben. Zuerst einmal beschloß ich, so zu tun, als ob ich nicht richtig gehört hätte. Doch ich hatte, daran konnte kein Zweifel bestehen. War dies irgendein Scherz oder, schlimmer noch, irgendeine Art von Komplott? Nein – es begann mir zu dämmern, daß dies alles wahrscheinlich echt war. Eine Art unterdrückter Leidenschaft, auf die ich gefühlsmäßig gar nicht vorbereitet war, und ich war auch zu verblüfft, um praktisch damit umgehen zu können.

Meine Selbstverteidigung beschränkte sich auf Ruhe und Besonnenheit, obwohl mir alles andere als ruhig zumute war. Die Lage wäre überall bedrohlich gewesen. In Rußland sah man geradezu die dunklen Wolken einer Katastrophe heraufziehen. Und fast übermannte mich etwas von Gefühlen, wie Dostojewski sie in seinen Romanen beschreibt.

Ich sprach von meiner Frau und den Kindern, von meinen Verpflichtungen gegenüber der Gruppe, die ich leitete. Und schließlich versuchte ich, Katja klarzumachen, wie wohl die sowjetischen Behörden reagieren würden. Vermutlich hatte sie sich das alles schon selber gesagt. Aber es zählte nicht für sie. So etwa das einzige, was ich nicht versuchte, war, Gott in dieses Gespräch zu bringen.

Schließlich waren wir wieder in Kalinin. Allem Anschein nach hatte das, was ich gesagt hatte, einigen Eindruck gemacht. Am nächsten Morgen mußte ich unter allen Umständen nach Moskau weiterreisen. „Nun gut", erwiderte sie, „wenn Du die Sache so siehst, muß ich eben mit Dir mitkommen." Ich hielt das für eine leere Drohung, doch ich sollte mich geirrt haben. Die Gefahr war noch nicht vorbei. Als wir am nächsten Morgen unser Hotelfrühstück einnahmen, war Katja da, einen Mantel über dem Arm und einen gepackten Koffer zu ihren Füßen. Mir brach der Schweiß aus. Sollte ich mich an den Komsomol um Hilfe wenden? Doch dies konnte sofort zu schweren Problemen mit den Behörden führen, zumindest für Katja. Was war überhaupt mit ihrer Arbeit? Oder steckte sie vielleicht mit den Behörden unter einer Decke? War das alles nur eine Falle? Ich hatte noch eine Stunde Zeit, bis unser Bus nach Moskau abfuhr. Das Frühstück spielte keine Rolle mehr.

Zum nicht geringen Vergnügen meiner jungen Mitreisenden rannte ich die Treppe wieder rauf mit Katja im Schlepptau. Es war kein leichtsinniger Flirt, wie sie wohl denken mochten („Der Priester und die Chemie-Ingenieurin" klingt nicht überall gut), und meine Beine waren schwer wie Blei. Mein Zimmer war klein. Neben dem großen Bett war kaum noch Platz. Wie ein Buddha, aber ohne dessen innere Ruhe, saß Katja auf dem entgegengesetzten Bettende und starrte vor sich hin. Innerlich glich sie wohl eher einem schwelenden Vulkan.

Konnte ich sie überzeugen? Was konnte ich noch mit Worten oder Gesten tun? Schließlich war ihr Englisch sehr mangelhaft, und Russisch konnte wiederum ich so gut wie überhaupt nicht. Alles schien umsonst. Wurde mein Monolog auch nur zur Hälfte verstanden? Ich glaubte jetzt nicht mehr daran, daß sie mir etwas vorspielte. Sie zeigte eine Leidenschaft, wie ich sie nur aus Büchern kannte. Und selbst wenn es nicht außerhalb des Spektrums meiner Gefühle gelegen hätte – jeden Versuch, auf sie einzugehen, hätte Katja als Ermutigung aufgefaßt, und es wäre ein Spiel mit dem Feuer geworden. So zog ich mich auf die üblichen, konventionellen Einwände zurück – nicht aus Liebe zur Konvention, denn dies war keine konventionelle Situation, sondern weil ich kaum andere Möglichkeiten sah. Das Ende war schlicht Schweigen. Fast hatte ich die Hoffnung aufgegeben, eine Lösung zu finden. Und Gott scheint in solch kritischen Augenblicken besonders unzugänglich. Dennoch betete ich wahrscheinlich in einer mir gar nicht bewußten Form. Im Grunde weiß ich gar nicht genau, was ich fürchtete.

Das Drama (Melodrama?) endete noch überraschender, als es angefangen hatte. Wäre das ein amerikanischer B-Film gewesen, dann hätten eine Pistole und Doppelmord, Mord und Selbstmord das alles beendet. Doch ich kann mir vorstellen, daß sowjetische Geschichten, wie die Ideologie es verlangt, alle positiv gelöst werden müssen. Und in gewisser Weise geschah dies auch hier. Katja wirkte wie eine Blinde, die plötzlich sehen kann, sie veränderte sich sichtbar. Für mich hatte sie nun nur noch Zorn und Verachtung – mehr als genug davon, um ihr ihre Selbstachtung zurückzugeben. Mit dem Rücken zur Tür, straff und stolz aufgerichtet, spie sie mir fast die Worte entgegen, die ihr den Abgang ermöglichten: „Du bist kein Mann, Du bist Priester!" Damit ergriff sie ihren Koffer, knallte die Tür hinter sich zu und war verschwunden.

Im wörtlichen Sinne bedeutet *Passion* nichts anderes als „Leiden". Nicht zufällig hat dieses Wort eine religiöse und eine sexuelle Bedeutung. Tatsächlich gibt es zwischen beiden eine tief-unterschwellige Beziehung. Sie ist sehr ausgeprägt vorhanden in der klassischen, vorrevolutionären russischen Literatur. Und ein immer wiederkehrendes Thema ist sie in den Romanen von Graham Greene. Und wirklich kann man sagen, daß man das ganze Leben umspannt, wenn man zu Religion und Sexualität noch die Politik hinzufügt. In ihrer Atmosphäre und Intensität war die kurzlebige Passion von Kalinin zweifellos sehr russisch. Jedenfalls reichen meine schriftstellerischen Fähigkeiten nicht aus, um sie angemessen zu schildern. Wenn es etwas anderes als ein spontaner Ausdruck menschlicher Gefühle war, wenn Katja mir etwas vorspielte, dann ist an ihr eine hervorragende Schauspielerin verlorengegangen. Doch ich erzähle dieses Erlebnis hier im Zusammenhang mit Vater Pavel, weil ich finde, daß es weit über den russischen Rahmen hinaus, in dem es sich abspielte, seine Bedeutung hat. Es handelt sich abermals um ein Kreuz, das die Kirche der Welt auferlegt hat.

So wie die Kirchen – wie einst Jerusalem – nicht erkennen, was dem Frieden dient, sind sie heute wie gestern unfähig, ihr Verständnis der Sexualität auf die Offenheit, die Empfindsamkeit, die Vergebung und das Mitgefühl Christi zu gründen.

Daß Katja das ahnte, half ihr, als sie einen Ausweg brauchte. Einen Augenblick lang erwuchs Gutes aus etwas, das alles andere als gut ist. Um theologischen Telegrammstil zu sprechen: Die traditionelle Moraltheologie quer durch den größten Teil der tonangebenden Kirchen läßt Sexualität fest im Griff kirchenrechtlicher Paragraphen. Die Freiheit war zu bedrohlich, um der Frohen Botschaft die Schaffung einer neuen Vision menschlicher Beziehungen im tiefsten, innersten zwischenmenschlichen Bereich zu gestatten. Was ich hiermit sagen will, zeigt am deutlichsten das römisch-katholische Kirchenrecht. Im Osten die orthodoxen und im Westen die protestantischen Traditionen sind zu ähnlich, als daß kleinere Unterschiede erheblich ins Gewicht fielen. Legalistisches Denken über Heirat, Zölibat, Priesterschaft und Seelsorge, Fortpflanzung, Homosexualität und vieles andere legten einer Generation nach der anderen emotionale Ketten an. Daß dies oft durch seelsorgerliche Sensibilität gemildert wurde, berührt nicht den Kern dieser Klage gegen das, was die meisten Menschen schlicht „die christliche Religion“ nennen.

Katja, die wußte, daß ich ein Priester bin (obwohl ich das in der allzu kurzen Zeit unserer Bekanntschaft nicht besonders hervorgekehrt hatte), konnte am Ende Priestertum mit dem Tod der Sexualität verbinden. Und so war ich für sie plötzlich kein Mann mehr. Es war die äußerste menschliche Erniedrigung. Doch es war – mehr als sie wahrscheinlich begriffen hatte – auch ein bemerkenswerter Augenblick der Wahrheit. Eine Einschätzung, die es verdient, hier festgehalten zu werden.

Christlichen Kulturen hat es sich tief eingeprägt, daß es einen Konflikt zwischen Religion und körperlicher Liebe gibt. Beispielsweise kann ich mich an eine lange und ernste Diskussion mit meiner Verlobten erinnern, ob ich, wenn ich meine Soutane trug, das äußere Zeichen meines geistlichen Berufes, mit ihr in aller Öffentlichkeit Hand in Hand gehen könne. Heute mag das lächerlich banal erscheinen, und doch war es nur die sprichwörtliche Spitze eines Eisberges, der es oft genug fertigbrachte, die christliche Religion und ihre Anhänger bis auf die Knochen in Froststarre zu versetzen.

Als Student der Politologie verfüge ich vielleicht über gewisse Fachkenntnisse und Einsichten auf dem Gebiet der Politik. Ich fühle mich deshalb mehr oder weniger kompetent, festzustellen, daß die marxistische Kritik an der Religion im allgemeinen und am Christentum im besonderen weitgehend gerechtfertigt ist. Und dennoch erschüttert dies in keiner Weise meinen Glauben an den gekreuzigten und auferstandenen Christus. Und zwar deshalb nicht, weil es zwischen der Kirche und ihrem Herrn eine dialektische Beziehung – mit anderen Worten: einen Antagonismus – gibt. Oder, volkstümlicher gesprochen, Kirchentum ist nicht gleich Christentum.

Wenn das für den Bereich zutrifft, in dem ich mich einigermaßen auskenne, so sagen mir alle meine Instinkte, daß es noch viel mehr für einen Bereich gelten muß, auf dem ich mich weniger gut auskenne. Ich bin kein Psychologe. Dennoch sagen mir meine persönliche und meine pastorale Erfahrung, daß man nicht unbedingt Anhänger Freuds sein muß, um zu erkennen, wie jahrhundertelang zahllose Menschen durch eine mit Christi Fleischwerdung unvereinbare Auslegung Christi seelisch versklavt wurden. Gott wurde seiner Menschlichkeit aus Fleisch und Blut entkleidet. Doch wie der amerikanische Satiriker E.Y. Harburg andeutet, hält Gott mit Sicherheit seine eigenen Optionen offen, denn:

> Der Blitz, der schlug den Kirchturm entzwei
> von der Kirche zu San José,
> doch zischte er an dem Puff vorbei,
> direkt gegenüber, oh weh!

Lieber möchte ich der moralisch fragwürdige, ausschweifende Priester aus Graham Greenes Romanen sein, ganz dem erbarmenden Mitleid Jesu Christi anheimgegeben und ganz in dem Bewußtsein, Teil einer gefallenen Welt zu sein, die nach einem Erlöser schreit, als der „Eunuch von Kalinin“. Doch das sind nicht die wirklichen Alternativen. Promiskuität (von der es viele Formen gibt) und Puritanismus (mit einer ebenso weiten Variationsbreite) sind lediglich zwei verschiedene Formen von Gefangenschaft. Obwohl schmerzlich steril, ist der konservative Aufstand gegen den völlig unbekümmerten Hedonismus der sechziger Jahre, der bisweilen als „befreites Christentum“ posierte, sehr verständlich. Wenn alle Schranken fallen, so hat am Ende nichts tiefere Bedeutung, und alle Beziehungen werden schal. Die Liebe selbst hat dann schließlich keine Bedeutung mehr. Und niemand soll mir unterstellen, meine Erfahrung von Kalinin verleite mich zu einem Plädoyer für diese Art des lieblosen Sichgehenlassens. Liebe wird stets kostbar sein. Ekstase, aber auch Todesschmerz, kann man nicht von ihr trennen. Passion wird immer auch Leiden bedeuten.

Doch es gibt eine göttliche Art persönlicher Freiheit, die irgendwie Bestandteil eines wiedergeborenen Christentums werden muß. Wenn das kanonische Recht, das schon der heutigen Wirklichkeit nur entfernt gerecht wird, der Prüfstein dessen bleibt, was die Kirche über menschliche Beziehungen zu sagen hat, dann gibt sie schließlich nur noch denen Obdach, die vor sich selbst und ihren Mitmenschen geschützt sein wollen. Denen, die das wollen, kann die Gesetzlichkeit eine Art Sicherheit gewähren. Das darf man nicht verachten. Im heutigen Großbritannien muß man die Moralpredigerin Mary Whitehouse und die vielen, für die sie spricht, sehr viel ernster nehmen, als es die meisten Leser des liberalen *Guardian* begreifen können. Doch mit Jesus und den starken Frauen zu gehen, die zu ihm hielten, heißt, eine Freiheit zu wählen, die verwundbar und unsicher und geheimnisvoll ist und sich ganz gewiß in keinem kirchlichen Rechtskodex einfangen läßt. Es ist – im Bewußtsein, geliebt zu werden – der Aufbruch, um zu entdecken, was die herrliche Freiheit der Kinder Gottes bedeutet. Auch hier darf man dem Himmelsvogel nicht die Flügel stutzen.

Deshalb bereue ich, daß mir damals in Kalinin mein Priestertum zur Rettung wurde. So leicht davonzukommen, haben ich und die Kirche nicht verdient.

Viele Kirchen – ein Gott
Die Reise nach Jerusalem

Jedem Christen, der sich zu einer „Pilgerfahrt ins Heilige Land“ überreden läßt, sollte ein Fragebogen in die Hand gedrückt werden, den er ausfüllen muß. Und die erste Frage auf diesem Fragebogen sollte lauten: „Warum sucht ihr den Lebenden bei den Toten?“ Es ist die Frage, die den Frauen, Jesu engsten Freundinnen, gestellt wurde, als sie mit wohlriechenden Salben zu Jesu Grab kamen.

Seit jenem Tage verkünden Christen Jesu Auferstehung und feiern sie. Sie war ein Mysterium und ist es noch immer. Das Leben der Kirche beruht auf ihrer Wahrheit. So erderschütternd, so tief ist diese Wahrheit, daß jeder Versuch, sie auf eine Lehrmeinung oder einfach auf ein historisches Ereignis zu reduzieren, sie in ihrer Bedeutung schmälern muß. Alle biblischen Berichte deuten nur voller Ehrfurcht auf das Mysterium hin.

Die Tragödie der christlichen Geschichtsschreibung besteht darin, daß die Kirchen im großen und ganzen den auferstandenen Christus wieder in eine ganze Reihe kirchlicher Gräber gesperrt haben. Wenn man mit David Jenkins, dem Bischof von Durham, darauf hinweist, daß sich eine solche Lehre nicht in Definitionen zwängen läßt, die die nüchterne Alltagsvernunft zufriedenstellen, und daß sie auch nicht durch historische Aussagen einzufangen ist, dann bedeutet dies keineswegs, die Sendung der Kirche zu sabotieren, sondern ihr Leben einzuhauchen. Sabotage am Glauben findet vielmehr in goldstrotzenden Wallfahrtskirchen statt, in den Rokokokirchen, wo Christus unbedingt mit Düften gesalbt und einbalsamiert auf goldenen Thronen sitzen muß, wo er unbedingt König nach westlichem Muster sein soll. Dieser Christus ist nicht mehr als eine triumphierende Stammesgottheit. Er ist so tot, so gestorben, so über den Jordan wie der verschollene Papagei in einer berühmten Fernseh-Comicserie des britischen Fernsehens. Es überrascht daher nicht, daß man laut hinausschreien muß: „Er lebt!“, denn in seinen Verehrern findet sich kaum ein Lebenszeichen von ihm.

Ich möchte nicht ganz so weit gehen zu behaupten, daß ein neuer Sklaven befreiender Wilberforce nötig ist, um eine Kampagne gegen das Wallfahrer-Geschäft nach Israel zu führen. Die einzigen, denen es schadet, sind die Pilger, die sich – im Gegensatz zu den Sklaven – ihr Los selber ausgesucht haben. Ich habe nicht den Wunsch, israelische oder palästinensische Reiseleiter und Fremdenführer in die Arbeitslosigkeit zu stürzen oder klerikale Reiseführer um ihren kostenlosen Urlaub zu bringen. Doch zumindest sollte jede der lockenden Reisebroschüren die schriftliche Warnung enthalten: „Dieser Ausflug könnte Ihrer geistlichen Gesundheit schaden!“

Es fängt damit an, daß man vom „Heiligen Land“ spricht. Ein bestimmtes Land als „heilig“ zu bezeichnen, heißt zwangsläufig, daß der gesamte Rest der Schöpfung Gottes weniger heilig ist. Natürlich erweckt die Tatsache echtes Interesse, daß die Heilsgeschichte, so wie Christen sie verstehen, sich weitgehend in den Ländern des östlichen Mittelmeerraumes und den umliegenden Gebieten abspielte. Das hat bei unserer berechtigten Liebe zur Bibel sogar eine wirkliche Bedeutung für unser Gemütsleben. Einem Tourismus, der dem Rechnung trägt, werfe ich überhaupt nichts vor. Doch echte Pilgerschaft ist etwas ganz anderes. Sie ist keine religiöse Archäologie, sondern verlangt Antwort auf die Frage: „Warum sucht ihr den Lebenden bei den Toten?“

Ich fürchte, die Antwort wird sehr schmerzhaft sein. Zu viele von uns ziehen es vor, ihren Glauben historisch drapiert zu sehen, ein fortlebendes Stück Antike in schönen ledergebundenen Bänden. Das kann uns aber nicht unter die Haut gehen. Es erzeugt bei uns nur das angenehme Gefühl, daß unser Glaube nicht zu erschüttern und unser Gott derselbe ist – gestern, heute und in Ewigkeit. Aber ist er das denn?

Ein wirklich lebender Christus ist viel zu bedrohlich, und auch ein Heiliger Geist, der sich nicht nur in schwungvollen neuen Liedern offenbart.

Die Dichter sind da der Realität viel näher – und die Verfasser so mancher Kirchenlieder auch. Sie weisen uns auf die wahre Pilgerfahrt hin, auf die Auferstehung am Ende einer Straße mit vielen Kreuzen:

> Wir hören deinen Angstschrei,
> Wir sehn dein Leben verströmen.
> Das Schlachtfeld rötet sich mit Blut,
> Mit dem Blut unsres Bruders, mein Herr und Gott.
> Und in dieser unblutigen Schlacht
> Der Kampf ums tägliche Brot,
> Wo Macht das Recht ist und König das Selbst –
> Dort sehn wir dein dornengekröntes Haupt.
> Das Stöhnen und Seufzen der Schöpfung,
> Ein Stöhnen der Sorge und Pein,
> Die Angst von Millionen Herzen,
> Die in Verzweiflung brechen.
> Gekreuzigter Erlöser,
> Das sind deine Schmerzensschreie
> O könnten sie unsere selbstsüchtigen Herzen zerbrechen
> und könnte Liebe einziehen.
>
> (Timothy Rees)

Das Wunder, gleichzeitig aber auch der Beweis der Auferstehung Christi besteht darin, daß es unmöglich ist, Christus an goldene kirchliche Ketten zu legen. Propheten und Heilige und Märtyrer aller Zeiten sind lebendige Zeugen der Auferstehung. Immer wieder wird der Stein, diese mächtige Last der Religion, weggewälzt, und der Herr des Lebens entweicht aus den Kathedralen, die errichtet wurden, um ihn gefangenzuhalten, und wandert, unerkannt wie seinerzeit auf der Straße nach Emmaus, und wäscht Füße. Obwohl unerkannt, will er dorthin, wo die, die seinen Namen tragen, versammelt sind, und er bietet ihnen an, sein Leben mit ihnen zu teilen. Wir mögen unsere Gottesdienste auf trennende Feiern und spaltende eucharistische Rituale reduzieren. Er hält uns trotzdem die Treue: „Wo zwei oder drei versammelt sind in meinem Namen, da bin ich mitten unter ihnen."

Es ist der Christus, von dem Sydney Carter uns singen läßt:

> Sie schlugen mich nieder, doch spring ich empor;
> Ich bin das Leben, das niemals stirbt;
> Ich lebe in euch, wenn ihr in mir lebt;
> Der Herr des Tanzes bin ich, sprach er.

Sind wir bereit, diesem befreiten Tänzer zu folgen? Es gibt die Möglichkeit, ihm in unserer Familie zu begegnen, auf unseren Straßen, in unseren Freunden und in unseren Feinden. Und in uns selbst. Das Heilige Land liegt stets vor unserer Tür. Jeder Tag kann eine Pilgerfahrt sein – wenn wir das wollen. Wir brauchen kein Eintrittsgeld, doch wie der reiche junge Herrscher finden wir vielleicht die Kosten höher, als wir zu bezahlen bereit sind.

Hat man erst einmal die Warnung vor dem möglichen Schaden an unserer geistlichen Gesundheit zur Kenntnis genommen, bleibt das Kreuzfahrtschiff nach Palästina eine Option. Einer der unbequemsten und intelligentesten Christen, die ich je kennenlernte, Stanley Evans – ich war vor langen Jahren sein Assistent – wurde von seinem Bischof regelrecht überredet, sich einer solchen Pilgergruppe anzuschließen. Später veröffentlichte er sein Reisetagebuch und gab ihm den Titel: *In Evening Dress to Calvary* („Im Frack nach Golgatha"). Er ging nach dem Prinzip vor, daß ein Päckchen Balkan Sobranie-Zigaretten wahrscheinlich keinen Lungenkrebs erzeugt. Also trage das Risiko, wer will!

Doch ich will konstruktiver sein. Es gibt natürlich viele Stätten, deren Besuch sich für Christen lohnt, die es sich leisten können. Vor allem sind das Israel und das besetzte Palästina. In außergewöhnlicher Weise spiegelt sich hier die Situation wider, die zu Jesu Lebzeiten bestand. Israel und das Palästinenserland sind geradezu ein Mikrokosmos unserer zerrissenen und zerstrittenen Welt. Manche denken sogar, daß, wenn ein neuer Weltkrieg ausbrechen sollte, er dort seinen Ausgang nähme. Das Land bleibt ein Land vieler Kreuze.

Eine christliche Pilgerfahrt in dieses turbulente, sich selbst entfremdete Land, bedeutet zeitweiliges Eintauchen in das Leben seiner heutigen Bewohner, Teilnahme an ihren Hoffnungen und Ängsten, ihren Triumphen und ihren Leiden. Das bedeutet, mit ihnen zu essen und mit ihnen zu beten. Es bedeutet zuhören, lernen und sich bemühen. Es ist möglich. Manche haben es getan. Noch immer heiratet man in Kana, noch immer fahren Fischer auf den See Genezareth hinaus. Noch immer vergießt man Tränen über Jerusalem, das so wenig weiß, was ihm zum Frieden dient, und noch immer wirft man aus Nazaret Propheten hinaus. Bethlehem ist noch unter fremder Besatzung. So gesehen, ist die Notwendigkeit, mit Jesus im Garten Gethsemane zu wachen und zu beten, noch immer ebenso groß wie vor zweitausend Jahren.

Wo sonst auf der Welt wird das Trauerspiel der Religionen deutlicher sichtbar? Ein winziges Gebiet betrachten Juden, Moslems und Christen, alle auf ihre Weise, als *ihr* „Heiliges Land" und leben nebeneinander, ohne daß es zwischen ihnen

Versöhnung gibt. Sie behaupten, auf unterschiedliche Weise denselben Gott zu verehren. Doch just dieser selbe Gott trennt sie. Tag für Tag leben und sterben israelitische Juden und palästinensische Araber in Furcht voreinander. Und in Jerusalem gibt es ein ehrfurchtgebietendes Denkmal für sechs Millionen Juden, die zu unseren Lebzeiten von einer Nation hingemordet wurden, die sich christlich nennt. Welch besseren Platz könnte man sich für eine Pilgerfahrt der Buße und Reue denken? Dieses Mahnmal ist heute eine wichtigere Kreuzwegstation als der Platz, an dem man Jesu Todesstätte vermutet. Doch noch wichtiger sind die Flüchtlingslager auf der *Westbank,* wo Jesus heute leidet. Und die Häuser von Juden, die von vielen ihrer israelischen Mitbürger ausgegrenzt werden, weil sie zum zionistischen Rassismus nein sagen und mit ihren arabischen Nachbarn auf der Basis der Gleichberechtigung zusammenleben wollen.

Und was für eine Art von Pilgerfahrt ist das, bei der man unsere westlichen Gebete spricht, unsere westlichen Eucharistiefeiern zelebriert, unsere westlichen Gedanken denkt und an den Ostkirchen vorbeigeht, die seit Jahrhunderten hier gelebt, gebetet und gelitten haben? Ihnen im Vorbei gehen zuzunicken, einen flüchtigen Augenblick in einer ihrer Kapellen zu verweilen, eine Tasse Kaffee anzunehmen – das alles bringt keine Antwort auf diese Frage. Die Wallfahrts-Industrie in ihrer gegenwärtigen Form macht ihnen schwer zu schaffen. Weil sie sehr arm sind und sehr würdig, bleibt ihr Schmerz meist unbemerkt.

Welche besseren Stätten als die heutigen Länder am Ostsaum des Mittelmeeres gibt es, um voller Betroffenheit und Reue über den Preis nachzudenken, den die Welt für all die Streitereien und Fehden zwischen Gläubigen zu zahlen hat? Es ist ja nicht nur so, daß Christen, Moslems und Juden unversöhnt sind – auch in sich sind diese großen Weltreligionen tief gespalten. Selbst im Angesicht eines gemeinsamen Feindes finden es orthodoxe Juden unmöglich, mit ihren liberalen, nichtorthodoxen Glaubensgenossen harmonisch zusammenzuleben. Selbst im Angesicht eines gemeinsamen Feindes trennen erbitterte Fehden Moslem von Moslem. Und selbst im Zeitalter der ökumenischen Bewegung, und obwohl sie im Nahen Osten eine oft belagerte Minderheit sind, gibt es noch immer zahlreiche Christen, die nicht mit ihren Mitchristen reden wollen.

Dies alles ist die Welt, so wie sie ist. Und in dieser Welt gibt es wundersame Zeichen der Auferstehung, der Liebe, die über das Böse triumphiert. Irgendwo mag da das leere Grab liegen, von dem die Bibel berichtet. Was zählt das, wenn der Herr der Geschichte noch heute in den Nebengassen und Höfen des arabischen Nazaret ebenso lebendig präsent ist wie in den jüdischen Hochhäusern von Tel Aviv!

Im Jahre 1963 war ich zum ersten Male da. Ich war allein, sozusagen, „um Israel zu entdecken". Ein paar Adressen hatte ich bei mir. Sie führten mich zu Menschen, zu Juden, Moslems und Christen. Nur eine Nacht schlief ich im Hotel. Nur selten fuhr ich in meinem kleinen Mietwagen allein. Die Menschen sowie ihre Hoffnungen und Befürchtungen wurden lebendig für mich. Ich wohnte in Nazaret. Ein schottischer Arzt, Leiter einer Klinik für arabische Einwohner, war mein erster Gastgeber.

Nazaret ist Israels größte Araberstadt. Es spiegelt die meisten Probleme, die dieses Land hat. Zumeist besteht die Bevölkerung aus weniger begüterten Arabern, und der Bürgermeister war Kommunist. Damals verehrten die Leute Ägyptens Staatspräsidenten Nasser. In Israel ließ man all diese Araber spüren, daß sie in ihrem eigenen Land als Bürger zweiter Klasse galten. Und die Juden fürchteten diese Araber und mißtrauten ihnen. Sie waren ein Sicherheitsrisiko. Und so erbaute man ein neues, jüdisches Nazaret auf den Hügeln, die die alte Stadt überragen.

Wo war da mittendrin das Christentum am offensichtlichsten gegenwärtig? Mitten im Herzen der Altstadt befand sich eine mächtige Basilika im Bau. Sie war annähernd vollendet. Die franziskanischen Betreuer und Wächter des Heiligen Grabes in Jerusalem waren ihre Architekten und Erbauer. Und für wen war sie bestimmt? Nicht für die einheimischen arabischen Christen! Für sie war sie ein westlicher Import ohne die geringste geistliche Bedeutung. Für die Moslems bildete sie nur eine bedrohliche Konkurrenz zu ihren Moscheen. Sie stand da – so erklärte mir ein Franziskanermönch aus dem amerikanischen Mittelwesten – „zur Ehre Gottes und zur Erbauung christlicher Besucher".

Ich hatte nicht den Mut, diesem Mönch zu erwidern, der Heilige Franz hätte den Bau wahrscheinlich eigenhändig niedergerissen. Hier stand eine überhaupt nicht passende, triumphalistische Kirche, die, so schien es, allem widersprach, wofür der Zimmermann Jesus steht. Mit großer Trauer berichtete mein schottischer Freund, wie viele Millionen Dollar die Basilika kostete, während ein viel geringerer Betrag, der zur Fertigstellung eines dringend benötigten Altersheims nur einen Steinwurf daneben erforderlich gewesen wäre, nicht aufgebraucht wurde. Die Basilika war – wie so vieles im Leben der organisierten Religion – geradezu ein Anti-Sakrament. Das einzige dabei, was mich freundlicher stimmte, war, daß auch die meisten einheimischen Christen offenbar ganz ähnlich empfanden.

Das arabische Nazaret in einem jüdischen Staat – noch dazu mit dieser Art christlicher Präsenz – ließ mich gemäß dem Bibelwort fragen: „Was kann aus Nazaret Gutes kommen?"

Man versicherte mir: es kann! Man kam meiner Frage zuvor. Mein schottischer Freund führte mich über eine Bergflanke in ein Tal hinab. Der Pfad war steil. Unterwegs erzählte er mir etwas von der Lebensgeschichte des Mannes, zu dem er mich brachte. Pater Paul Gauthier hatte in Südfrankreich ein römisch-katholisches Priesterseminar geleitet. Nach Israel war er als Pilger gekommen, und was er dabei erlebte, hatte ihn dermaßen entsetzt, daß er, nach langem und verzweifeltem Beten, seinen Bischof bat, ihn von seinem theologischen Lehramt zu entbinden und nach Palästina ziehen zu lassen – in der Hoffnung, Gott werde ihm eine Möglichkeit zu dienendem Wirken zeigen, die eine ganz andere Art christlicher Präsenz darstellen würde. Und so ging er aus Frankreich weg. Als er eintraf, hatte er keinerlei Konzept. Nur zwei Dinge waren ihm völlig klar: Beide Bevölkerungsgruppen des Landes – Juden und Araber – mußten ihn akzeptieren. Nur so konnte er als Christ die Aufgaben erfüllen, die er zu übernehmen gedachte. Dies bedeutete aber auch, daß er beide Gruppen, ihre Sprache und ihre Bräuche kennenlernen mußte. Und dafür würde er Jahre brauchen. Er fing mit den Arabern an, die ihn als Bauarbeiter in und um Nazaret einsetzten.

Unser Pfad führte jetzt steil bergan zum niedrigen Eingang einer Höhle. Mein Fremdenführer wußte: Um diese Zeit würde Pater Paul dort anwesend sein. Hier befand sich seine Kirche. Etwa in einer Stunde würde hier eine Eucharistiefeier stattfinden. Eine drahtige Gestalt mit kräftigen, sehnigen Händen und warmen, eindringlich blickenden Augen begrüßte uns. Die Höhle war groß genug, um etwa zwanzig Personen Platz zu bieten, die ganz dicht auf Tuchfühlung standen. Sie war hell und fleckenlos weiß. In der Mitte ein schlichter Holztisch. Wir setzten uns nach arabischer Weise auf den Boden. Wir hatten Zeit zum Reden, Zeit genug für Paul Gauthier, mir seine Geschichte selbst zu erzählen. Sie erschien gerade damals als „Nazaret-Tagebuch" in einer englischen Übersetzung *(Nazareth Diary)*. Von jenen ersten Jahren schrieb Paul Gauthier:

Arbeiter unter Arbeitern zu werden, zusammen mit ihnen und wie sie zu arbeiten, ist das Ziel des Arbeiterapostolats. Ohne dieses gäbe es keine Liebe. Anders zu handeln, hieße den falschen Weg einzuschlagen ... in bezug auf Jesus, der zu den Armen gehörte. Diesen Eindruck, sich auf dem falschen

Weg zu befinden, gewinnen unter Schmerzen einige der hier wirkenden Priester und Ordensleute. Einer von ihnen teilte mir voller Enttäuschung mit:

‚Vom missionarischen Standpunkt aus befinden wir uns hier auf dem falschen Wege. Wir leben unser Leben an den Armen vorbei. Wir wohnen in großen Häusern. Sie haben gar keine. Ihre Sprache sprechen wir kaum ... Für sie sind wir Fremde, beschützt und unterstützt von fremden Nationen. Wir sind innerlich zerspalten. Die Anhänger der unterschiedlichen Riten kritisieren und mißtrauen einander. Ja, weil wir nicht arm und barmherzig genug sind, sind wir auf den falschen Weg geraten.‘

Jesus wurde Mensch und lebte hier auf Erden unter uns wie ein ganz gewöhnlicher Jude in seinem Dorf, wie ein Arbeiter lebend, essend und sich wie einer der Armen abquälend, aus Liebe. Seinen Aposteln gab er den folgenden Missionsauftrag: ‚Ich sende euch wie Lämmer mitten unter die Wölfe. Tragt keinen Geldbeutel bei euch, keine Tasche und keine Sandalen ... Eßt, was man euch gibt ... Sagt ihnen: Das Reich Gottes ist nahe zu euch gekommen.‘

In einfachem, klarem Französisch sprach Pater Gauthier von seiner Zuneigung zu den arabischen Arbeitern, unter denen er während seines – wie er selbst sagt – „großen Rückzugs“ lebte. Und er schildert seinen Zorn über die Art, wie sie ausgebeutet wurden. Nie nahmen die Bauunternehmer Rücksicht auf die Lebensbedingungen und die Gesundheit der Arbeiter. Nur der Profit zählte. Hierzu gibt er in seinem Tagebuch folgenden Kommentar: *Sogar an diesem kleinen Ort hat das Wort Leos XIII., das in diesem Punkt mit Karl Marx übereinstimmt, einen schrecklich wahren Klang: ‚Die Materie wird verherrlicht, der Mensch degradiert.‘ Dies ist die Antwort der modernen Gesellschaft auf Jesu Frage: ‚Was nützt es dem Menschen, wenn er die ganze Welt gewinnt, aber Schaden leidet an seiner Seele?‘ Der Mensch bemächtigt sich der gesamten Welt, indem er den Mitmenschen ausbeu-*

tet. So verliert er seine Seele gleich zweimal: indem er sich zum Sklaven des Geldes und der Technik macht – und indem er seine Mitmenschen ausbeutet ... Was ist also daran überraschend, daß der Kommunismus in Nazaret so viele überzeugte Anhänger hat?

Dem „langen Rückzug“ als arabischer Arbeiter folgten weitere. Diesmal arbeitete Paul Gauthier in einem jüdischen Kibbuz, wieder ganz ohne irgendwelche priesterlichen Privilegien. Hätte er auf sie nicht verzichtet, so hätte er die einfachen Leute überhaupt nicht verstanden. *Ich wurde niemals in einem Zug grob behandelt, weil ich Arbeitskleidung trug oder aus einer Kirche hinausgeworfen. Es war auch nicht so, daß man mich keinen O-Bus besteigen ließ, nur weil ich keinen Pfennig Fahrgeld hatte. Ich war auch nie ohne Nahrung und ohne Obdach für die Nacht. Das alles passierte mir erst, als ich meine Soutane ausgezogen, auf meinen Citroen verzichtet und Pflichten und Rechte eines Seminar-Theologie-Professors an den Nagel gehängt hatte, um nur noch innerlich Priester und nach außen hin Arbeiter zu sein.*

Als die Morgen und die Abende des Betens und die Tage der Arbeit vorüber waren – der „große Rückzug“ eben –, kehrte Paul Gauthier zunächst nach Frankreich zurück. Doch nach kurzem Frankreichaufenthalt wußte er, was seine Aufgabe sein sollte. Er kam wieder nach Nazaret, um zu beten (daher seine Höhlenkirche an der Bergflanke) und – nachdem er das Vertrauen und die Mitarbeit einer Gruppe von Juden und Arabern gewonnen hatte – eine gemeinnützige Siedlung für einige der Ärmsten zu bauen: für heimatlose Araberfamilien. Als ich in Nazaret eintraf, waren die Häuser schon oben auf der Anhöhe über der Kapelle errichtet, und ich sah ringsherum glücklich spielende Kinder. Viele solcher Arbeiten warten darauf, getan zu werden.

Fast eine Stunde lang hatten wir beisammengesessen und geredet. Allmählich kamen immer mehr Menschen und setzten sich rings um uns. Es wurde Zeit für den Gottesdienst.

Und da wir uns im Nahen Osten befanden, wählte Pater Gauthier einen ostkirchlichen Ritus – den der melchitischen Kirche. Die Menschengruppe, die sich inzwischen zur Teilnahme versammelt hatte, konnte gar nicht gemischter sein. Niemand fragte, zu welchem Volk, welcher Rasse, welcher Klasse oder Religion die anwesenden Frauen und Männer gehörten. Das Brot wurde gebrochen und für die ganze göttliche Menschenfamilie der Wein ausgegossen. Zwischen dieser Eucharistiefeier und der Siedlung oben auf der Höhe bestand ebenso eine tiefe Wesenseinheit wie zwischen dieser Feier und der Feier des Abschiedsmahles Jesu mit den Zwölf. Hier wurden Erde und Himmel, Zeit und Ewigkeit eins. Alle die Paradoxien und Widersprüche des Lebens wurden gelöst. Besser als zuvor verstand ich, was Jesus gemeint hatte mit den Worten: „Das Reich Gottes ist nahe!“ Von dieser Feier des Lebens, des auferstandenen Lebens, kann ich heute nur sagen: Wenn das der einzige Gottesdienst gewesen wäre, an dem ich je teilgenommen hätte, hätte er mir für alle Zeiten genügt.

Als wir die Höhle verließen, versank die Sonne. Ich hatte noch eine letzte Frage, die sich nicht nur auf diese Liturgie, sondern auf das Leben, Arbeiten und Beten bezog und offensichtlich den Kern traf. Auf die Höhle und die Siedlung ringsherum deutend, sagte ich: „Ist es dies, was Sie unter Mission verstehen? Bringen Sie Jesus so den Menschen nahe?“ Er warf mir einen mitleidigen Blick zu, fast als ob er wünschte, mich falsch verstanden zu haben. „Bruder“, sprach er in einem so klaren und schlichten Französisch, daß ich es unmöglich mißverstehen konnte. „Nicht ich habe diesen Menschen Christus gebracht. Denn in ihrer Liebe, mit der sie mir erlauben, ihnen in ihren Nöten beizustehen, entdecke ich Tag für Tag Christus in ihnen!“

Zwanzig Jahre später frage ich mich, ob ich schon begonnen habe, diese Lektion zu lernen. Auch als Einzelperson lernen wir oft so langsam wie Gruppen oder Völker – und wie die Kirche. Pater Gauthiers *Tagebücher* enthüllen, was ihn in den fünfziger Jahren tief schockiert hatte. Schon 1912 hatte Sir Frederick Treves in *The Land of Desolation* („Land der Trostlosigkeit“) geschrieben: *Hätte man nur ein Hundertstel dessen, was man in Nazaret für religiöse Zwecke ausgibt, verwendet, um die Lebensbedingungen der Armen zu verbessern, wäre man in Nazaret glücklicher als jetzt. Der Gegensatz zwischen den vornehmen Klöstern, die aus massivem Stein errichtet sind, und den schmutzigen Hütten ringsherum ist bestürzend anomal. Wenn Nazarets Christen, nachdem sie alle Möglichkeiten des Pomps und des großartigen Gepränges ausgeschöpft haben, sich auf das Niveau der Behausungen für die Armen herablassen, wird es dem Ort zugutekommen, denn dann wird vielleicht die Lehre dessen, der sanftmütig und arm war, das Dasein dieser Menschen berühren.*

Das gilt 1912 ebenso wie heute. Und es gilt für New York, London, Belfast und Liverpool ebenso wie für Nazaret. Es gilt auch für mich. „In feinen liturgischen Gewändern“ und besser wohnend als die meisten meiner Mitmenschen, frage ich mich allen Ernstes, ob es noch möglich ist, daß sich ein „Würdenträger“ (welcher Schreck) der Kathedrale von Coventry oder jeder beliebigen anderen Kathedrale der Kirche Englands im Stande der Gnade befindet. Wenn die Antwort „Ja“ lautet, dann nur, weil „Gnade“ wirklich als „Gnade“ aufzufassen ist. Genau das ist es, worum es bei *Faith in the City* („Glaube in der Großstadt“) geht, jenem kritischen und selbstkritischen Bericht über und an die Kirche Englands. Ob es wohl mehr als eine kleine Zahl von Christen sein wird, die diesen Bericht ernst nehmen? Wie viele von uns können mit William Blake singen, ohne daß uns die Worte in der Kehle stecken bleiben:

Ich geb den geist’gen Kampf nicht auf,
Mein Schwert ruht nicht in meiner Hand,
Bis endlich steht Jerusalem
In Englands grünem, schönem Land.

Heute klingen Blakes Worte wie die allerletzte Ironie. Jerusalem? Haben wir nicht in England Sorgen genug, ohne daß wir uns noch die von Jerusalem auf den Hals laden müssen? Haben Christen nichts besseres zu tun, als Symbole hervorzubringen, die nur unterstreichen, wie unerfüllbar der jüdische Traum des *Schalom* (des Friedens) ist, sei es in seiner weltlichen Form als Karl Marx' „wissenschaftliche" Vision des Kommunismus, oder sei es in der christlichen Version des kommenden Königreiches, die Jesus gepredigt hat?

Jeder Ideologe oder Fundamentalist, der diese skeptische Frage als glaubenslos verwirft, erinnert mich an jenen Mann, der sagt: „Bringen Sie mich nicht durcheinander mit der Wahrheit!" Er ist ein Narr. Ich hoffe, ich bin weder Ideologe noch Fundamentalist mit liberalem Mäntelchen. Doch „die Liebe, die mich nicht losläßt" sagt mir: Du mußt es riskieren, solch ein Narr zu sein. Um Christi willen. Und wenn auch nur ein einziger Paul Gauthier übrigbleibt, werde ich mit dem Apostel Paulus weiter glauben können, daß „weder Tod noch Leben, weder Engel noch Mächte noch Gewalten, weder Gegenwärtiges noch Zukünftiges, weder Hohes noch Tiefes, noch eine andere Kreatur uns scheiden kann von der Liebe Gottes".

Man kann in Israel heute auch noch andere Menschen wie Paul Gauthier treffen. Gruppen und Einzelpersonen kämpfen für Gerechtigkeit und Versöhnung. Für *Schalom.* Und es gibt öffentliche, aber zweifellos auch verborgene Stätten, zu denen man pilgern kann. Das alles trotz den Machtverhältnissen. Paul Gauthier allerdings durfte nicht bei den Juden und Arabern bleiben, die er liebte. Sein Ruf nach Gerechtigkeit für das palästinensische Volk war mehr, als die israelischen Behörden ertragen konnten. Es war sein Traum, auch in Bethlehem (also auf israelisch besetztem Palästinensergebiet) fortzusetzen, was er in Nazaret begonnen hatte. Doch man wies ihn aus Israel aus. Gute Werke, jene Art von Barmherzigkeit, die Mutter Teresa und ihre Schwestern praktizieren – damit können Machthaber leben. Aber nicht mit jenen Werken der Barmherzigkeit, die die Machthaber richten. Und von dieser Art war das Wirken Paul Gauthiers. Werke dieser Art haben einst Jesus vor Gericht und zur Hinrichtung geführt.

Paul Gauthier verdanke ich den etwas rätselhaften Titel dieses Buches. „Aufs Kreuz gelegt" hat so viele Bedeutungen, wie man nur immer heraushören mag. Gewiß stehen wir dann und wann unausweichlich vor der Frage, ob Gott – wenn es einen Gott gibt – nicht mit uns allen Schindluder treibt. Oder ich als Autor mit meinen Lesern. Zu den vielen anderen Deutungen gehört die, die ein Bildhauer namens Nathan, einer der jüdischen Freunde Paul Gauthiers, gab: „Ein Jude ist jemand, der auch ohne Christus das Kreuz trägt." Viele in unserer Welt tun es. Und nicht selten legen es ihnen diejenigen auf, die sich selbst Christen nennen, aber ihr eigenes Kreuz zu einem niedlichen Schmuckstück verkleinert haben, das ihnen nicht wehtut.

Paul Gauthier berichtet in seinem Tagebuch, wie er vor jüdischen Zuhörern in Haifa einen Vortrag hielt. Hierbei machte er sich Nathans Definition eines Juden zu eigen und zitierte auch ein Wort des Bischofs Fulton Sheen: „Der Osten hat das Kreuz ohne Christus angenommen, der Westen dagegen Christus, doch ohne sein Kreuz." Als er seinen Vortrag beendet hatte, fragte ihn ein älterer Arbeiter: „Sind Sie bereit, sich kreuzigen zu lassen?" Paul Gauthier fährt fort: „Dieser Arbeiter hatte in seinem Leben gelitten. Er hatte sein Kreuz ohne Christus getragen. Er hatte ein Recht zu fragen, ob wir Christen, die wir aus Christus leben, bereit sind, unserem Meister bis ins letzte zu folgen."

Wir Christen haben kein Recht, den Juden irgendwelche Fragen zu stellen. Dieses Recht haben wir uns schon lange verscherzt. Doch wenn wir eine wirkliche Pilgerfahrt unternehmen wollen, wenn die Stationen des Kreuzweges unser Ziel sind, zwingt uns dann die Liebe nicht doch, unsere jüdischen Schwestern und Brüder in Israel zu fragen: „Wohin führt euch eure Reise? Hört ihr nicht, wie der Prophet Micha euch zuruft, Gott fordert nichts, als daß ihr Gerechtigkeit übt, Liebe, Güte und Demut im Umgang mit ihm? Spielt ihr, deren Väter und Mütter ein *Herrenvolk* umbrachte, nicht heute selbst die Rolle der ‚Herrenrasse' in eurem Land? Ihr, die ihr so lange unter Christen gelitten habt – bestraft ihr jetzt nicht selbst Mitmenschen, die euch nichts Böses zugefügt haben? Habt ihr nicht eure Herzen gegen eure palästinensischen Schwestern und Brüder verhärtet, so daß ihr auf eure Kinder und Kindeskinder den Holocaust heraufbeschwört, vor dem ihr selbst gerettet wurdet?"

Wer solche Fragen stellt, braucht sich nicht zu fürchten. Er ist nicht gekommen, den Lebenden bei den Toten zu suchen. Er hat die Stimme Moses' gehört: „Ich habe Leben und Tod vor euch gestellt, Segen und Fluch. Deshalb wählt das Leben, damit ihr und eure Kinder leben möget!"

Rassismus und Vorurteile
Eine Gemeinde mischt sich ein

Der BBC-Fernsehmoderator Robin Day flößt Vertrauen ein. Oft ist er besser informiert als die Spitzenpolitiker. Wenn irgendeine „höhere Gewalt“ – oder wohl eher noch ein Akt böser Menschen – alle britischen Politiker auf einen Schlag hinwegraffte, wäre die Bevölkerung (sofern es wahr ist, daß die Briten stets Amateure den Profis vorziehen) wohl gern bereit, ihr Schicksal in die Hände Sir Robins zu legen. Er kam durch die BBC hoch – die ganze lange Ochsentour. Menschen mit Autorität, Einfühlungsvermögen und Hartnäckigkeit zu befragen, ist ebenso eine Kunst wie ein Handwerk. Es erfordert so etwas wie die Autorität eines erfahrenen Priesters, dessen Aufgabe im Beichtstuhl zwar darin besteht, in einem Sünder den Wunsch zu wecken, die Wahrheit zu sagen, aber nicht, ihm – sinnbildlich gesprochen – die Kleider vom Leibe zu reißen. *Wünscht* das Beichtkind, alles zu bekennen, so beraubt er es nicht seiner Menschenwürde. Macht aber ein unbußfertiger Politiker Ausflüchte wie Harold Wilson oder doziert unempfindsam wie Margaret Thatcher, hat der Interviewer irgendwie schon gewonnen.

Erfolg in den Medien steigt zu Kopf. Es überrascht keineswegs, daß ein paar potentielle Minister es vorgezogen haben, lieber Geschichte, die andere machen, zu präsentieren, als selbst Geschichte mitzugestalten, einmal ganz davon abgesehen, daß in manchen Lebensbereichen das Medium tatsächlich die Botschaft ist. Man braucht nicht einmal wie ein Darsteller aus „Dallas“ auszusehen, obwohl das wahrscheinlich ein bißchen hilft. Mit Sicherheit erfordert Politik, wie

Robert Kilroy-Silk fand, ein ungeheueres Durchhaltevermögen. Er sollte bald merken, daß das auch für das Fernsehen gilt. Beim Fernsehen geht es keineswegs sanft zu. Aber auch für Mitmenschlichkeit gibt es Raum in diesem Beruf.

Aus meiner Zeit als BBC-Redakteur rührt es her, daß sich rasch mein Zorn regt, wenn Menschen einfach als Medienfutter verwendet, ja mißbraucht werden. Die Schulung meiner Empfindsamkeit in diesem Bereich verdanke ich weitgehend Leslie Smith, an den sich einige ältere Hörer des BBC *Home Service* noch erinnern werden. In früheren Jahren war er ein Kollege von Robin Day. Er brachte in menschlichen, doch tiefbohrenden Interviews Menschen dazu, andere an ihren Freuden und Leiden teilnehmen zu lassen, für die die Sensationshändler unserer Boulevardpresse nicht einmal ein Ohr hätten. Die Art, wie sich bei uns Massenblätter vampirartig von menschlicher Schwäche und Verworfenheit nähren – dies unter dem Deckmantel süßlicher Sentimentalität und geiler Pseudomoral, stellt unsere Gesellschaft vor Probleme, die nicht minder gravierend sind als einst für die Sowjetgesellschaft die zensierte Sterilität der *Prawda* und *Iswestija*.

Es war mein Schicksal – ob ein gutes oder böses, weiß ich nicht –, der von den Rundfunkstatuten vorgesehene Pfarrer zu sein – die „Stimme der Religion" in dem von Robert Kilroy-Silk moderierten Versuchsprogramm eines aktuellen Magazins. Vielleicht läßt er dieses Programm eines Tages als Teil einer Serie „Katastrophen, die das Publikum niemals sah" laufen. Es ging um Nacktheit. Eine große Zuhörerschaft war aufgeboten worden, um ihr Für und Wider zu diskutieren. Ich zweifle, ob selbst die einfühlsamsten und erfahrensten Moderatoren den Gefühlen und Leidenschaften gewachsen wären, die bei dieser Gelegenheit wach wurden. Diese Stunde bestärkte mich in dem Gefühl, daß es sich hier um ein Thema handelte, mit dem britische Öffentlichkeit nicht umgehen kann. Sie sitzt noch immer in der Falle zwischen den falschen Alternativen einerseits der unterdrückten Sexualität des Viktorianischen Zeitalters und andererseits der ungezügelten Hemmungslosigkeit, die nur die andere Seite der Medaille ist. Keine von beiden ist moralisch glaubwürdig.

Das bloße Wort „Nacktheit“ hat im Englischen Beiklänge, die dem entsprechenden Ausdruck im Französischen oder Deutschen ganz und gar abgehen. Das gilt jedenfalls für das dem Französischen entlehnte *nudity*. Das andere, germanische Wort für „Nacktheit“ ist *nakedness*, und damit kommt man etwas besser klar. Die ganze Angelegenheit hat etwas mit Kultur zu tun. Vor und mit Moslems überhaupt über Nacktheit zu diskutieren, wäre grob unsensibel. Nicht minder aber zeugt es von Mangel an Einfühlungsvermögen, wenn europäische Missionare die Angehörigen einheimischer Stammeskulturen zwingen, ihre Nacktheit mit Omas feinstem Kleid zu bedecken. Natürlich gibt es da in einer multikulturellen und gemischten Gesellschaft, wie der britischen heute, ein Problem. Man muß es diskutieren. Und wie alles Ernste hat es seine heitere Seite. Es gehört zum Problem, daß weder die Verteidiger der freien Körperkultur noch diejenigen, die sie als höchst anstößig empfinden, darüber lachen können. Und die wenigen, die keine Partei ergreifen, fühlen sich immerhin peinlich berührt, wenn sie an die anstößigen Postkarten der Badestrände denken. Dasselbe widerfuhr auch den Produzenten unseres Pilotprogramms. Um es etwas „aufzulockern“, ließen sie, als die Wogen der Diskussion ihren Höhepunkt erreicht hatten, drei nackte Herren aus einer Revue erscheinen, die nur notdürftig ihre Männlichkeit mit noch dazu ziemlich eindeutig geformten Luftballons bedeckten.

Entsetzt verließen die FKK-Feinde das Fernsehstudio. Man hatte ihre Gefühle zutiefst verletzt. Und die Verteidiger der Nacktheit, die sie als etwas ganz Natürliches sahen, wußten nicht, wie sie sich verhalten sollten. Eigentlich hätten auch sie vor den Kopf gestoßen sein müssen, denn was man ihnen da geboten hatte, war nicht Nacktheit, sondern Prüderie, beziehungsweise eine schlüpfrige Farce, wie sie auf dem Boden der

Prüderie gedeiht. Von diesem Tiefschlag erholte sich das Pilotprogramm nie. Die BBC konnte sich nur noch bei allen Betroffenen entschuldigen, und vielleicht hatte sie ja eine Lektion gelernt.

Was man diskutieren sollte, ist die zunehmende sexistische Ausbeutung des weiblichen Körpers für Werbung. Bei diesem Thema befinden sich zu beider Erstaunen die Frauenbewegung und die Neopuritaner im selben Boot. Die Grenze zwischen lebensfroher Erotik und diskriminierender Ausbeutung bleibt unklar, und die nicht enden wollende Einstellung, Frauen seien leicht verfügbare Objekte für Männer, bleibt eine Schande unserer Gesellschaft. An diesen Punkten hatte das Pilot-Fernsehprogramm kaum angesetzt.

Wenn das nackte Gemeinschaftsbad für die Briten etwas so Selbstverständliches wäre wie für viele Japaner und Deutsche aller Altersstufen, würde man über Nacktheit schon bald nicht mehr debattieren. Wohl nicht ganz zufällig hängen auch meine Frau und ich dieser Tradition an, und vielleicht wird dadurch geklärt, warum gerade ich an jenem verrückten Sonntagnachmittag im Studio war. Eine erst jüngst ausgestrahlte westdeutsche Fernsehdokumentation über das Leben eines lutherischen Pastors und seiner Familie in Ostdeutschland begann an einem FKK-Strand der Ostsee. Weder auf der einen noch auf der anderen Seite der Berliner Mauer rümpfte jemand darüber die Nase. Wenn in der Winterkälte die Strände leer sind, verfügt praktisch jedes Dorf über seine einladende Familiensauna, wo es wenigstens für ein paar Stunden so etwas wie eine klassenlose Gesellschaft gibt.

Man kann sich dort kaum vorstellen, welch obszöne Beiklänge das Wort „Sauna“ für Engländer hat. Doch da meine Frau und ich gern unsere Zeit mit dieser aus Finnland importierten, gesunden Freizeitbeschäftigung verbringen, machten wir einen Club im Londoner Westen ausfindig, der es uns ermöglichte, etwas von der Entspannung unserer Ferien wiederzugewinnen, die wir in Deutschland verbracht hatten, obwohl hier alles zwangsläufig in kleinerem Kreis stattfand. Von Hunderten fröhlicher Familien, wie sie an Sommertagen die Saunen, Schwimmbecken und Rasenflächen des von uns besonders gern aufgesuchten Bades unweit von Frankfurt bevölkern, eines Bades im japanischen Stil, wo sich auch Arbeitslose den Eintritt leisten können, kann natürlich keine Rede sein. Und da es sich um einen Londoner Club handelt, muß er Jahr für Jahr neu zugelassen werden. Gegenüber der Verwaltung der Stadtbezirke Kensington und Chelsea mußte er sich durch „würdige" Persönlichkeiten wie Pfarrer, Ärzte und Richter seinen Anstand attestieren lassen. In einem Jahr bat man mich, einen entsprechenden Brief zu schreiben. Ich tat es, und diêFolgen waren ebenso traurig wie erheiternd britisch.

Ein Journalist einer Sonntagszeitung, die in Sex, Skandalen, Schmerz und Kriminalität macht, rief mich an und stellte mir eine Frage, die bei mir sämtliche Warnsignale zum Schrillen brachte. „Herr Pfarrer", fragte er, „trifft es zu, daß Sie einem Nudistenclub angehören? Wir haben gehört, daß Sie ihn für die Neuzulassung empfohlen haben." „Meine Frau und ich", gab ich zurück, „baden gerne in der Sauna. Und Kleider zu tragen, geht in einer Sauna nun einmal nicht. Ja, ich habe für unseren Club ein Empfehlungsschreiben verfaßt!"

Der junge Reporter war fasziniert. Er dachte wohl, er wäre einer riesigen Geschichte auf der Spur, und fragte, ob er mit einem Fotoreporter vorbeikommen dürfe, um uns zu interviewen. „Natürlich können Sie", erwiderte ich. „Aber Sie haben schon die ganze Geschichte gehört. Das ist alles, was es zu erzählen gibt." Trotzdem erschienen sie. Wie ich vorhergesagt hatte, gab es kaum noch etwas zu sagen, aber dennoch zogen die beiden offensichtlich zufrieden wieder ab. Man konnte sich leicht vorstellen, was für einen sensationslüsternen Artikel und welche Art von Schlagzeilen die Fantasie eines Journalisten daraus zaubern konnte. Hier zeigte sich die andere Seite unserer „Pressefreiheit", die die Freiheit einschließt, Menschen zu peinigen, Verwirrung zu stiften und ebenso hilf- wie arglosen Menschen Schmerzen zuzufügen. Was für eine Sensation: eine Sexgeschichte über einen politisch engagierten Pfarrer! Hier war fast alles drin! Doch dieser Pfarrer war keineswegs hilflos. Ihn packte der Zorn, wenn er an die vielen Menschen dachte, die nicht wußten, wie sie sich wehren konnten. Also rief ich schlicht den Herausgeber des Blattes an und erklärte ihm, so freundlich es ging, wenn ein irreführender, Schäden verursachender Artikel in seiner Zeitung erschiene, ginge ich geradewegs zum Presserat.

Ich habe diese Geschichte erzählt (und werde auch ihre Fortsetzung nicht vergessen), weil sie ein geeigneter „Aufhänger" für eine weit wichtigere Begebenheit ist, die das Leben meiner Gemeinde im Londoner Südosten betraf. Sie handelt davon, wie eine christliche Gemeinde, die auch denen gegenüber aufgeschlossen zu sein versuchte, die der Kirche nicht angehörten, mit Fremdenhaß konfrontiert wurde und ihn schließlich bekämpfte – jenen Rassismus, der so tief in unseren Sozialstrukturen wurzelt. Obwohl die Sache sich Anfang der siebziger Jahre ereignete, gebe ich sie hier wieder, denn inzwischen hat sich herausgestellt: Sie ist viel typischer, als die meisten zugeben möchten. Noch immer tragen Minderheiten von Einwanderern schweres Leid, und viele Einheimische merken es nicht einmal.

Die Familie Quaye wohnte direkt gegenüber der Vikarswohnung in unserem Pfarrbezirk. Bill, der bei der Eisenbahn arbeitete, stammte aus Ghana und hatte Ellen geheiratet, eine echte Londonerin. Sie hatten zwei reizende schwarzhäutige Töchter: Kathleen (19) und Susan (17 Jahre alt). Sie waren freundlich, familiär und kontaktfreudig. Wie so mancher Teenager hatte Susan den einen oder anderen kleinen Konflikt mit dem Gesetz, was für ihre streng gesetzestreuen Eltern ein Greuel war. Eines Abends klopften die Mutter, der Vater und Kathleen an unsere Pfarrhaustür. Sie teilten mir mit, daß Susan von der Polizei in Greenwich nach einer Schlägerei im

Park aufgegriffen worden war. Ihre drei weißen Freunde hatten sich aus dem Staub gemacht. Susan stand im Verdacht, einer anderen jungen Frau das Portemonnaie gestohlen zu haben. Zwei Polizistinnen waren in Quayes Wohnung gekommen, aber sie hatten keinen Durchsuchungsbefehl, und Bill hatte sie wieder weggeschickt. Nun ging die Familie zum Polizeirevier, um Susan zu besuchen. Dort aber gerieten sie an einen rassistischen Beamten, der ihnen die Besuchserlaubnis verweigerte und hinzufügte: „Ich werde Euch allesamt schaffen, wie noch nie zuvor in Eurem Leben."

Daraufhin begaben sich die Quayes auf den halbstündigen Weg nach Hause. Doch als sie eintrafen, standen vor ihrer Wohnung etwa sechs Einsatzwagen und an die zwanzig uniformierte und nicht uniformierte Polizisten. Erschrocken wandte sich Bill Quaye zum gegenüberliegenden Vikariat, weil er für das, was sich abspielte, ein paar Zeugen haben wollte. Doch man zerrte ihn gewaltsam von der Pfarrhaustür weg quer über die Straße, und ringsherum war alles voller Polizei. Er versuchte vergeblich, sich zu befreien. Nun kamen ihm seine Frau und seine Tochter zu Hilfe. Er kämpfte wacker und wurde daraufhin unter dem Vorwurf der vorsätzlichen schweren Körperverletzung verhaftet. Den beiden Frauen hängte man eine Anzeige wegen Beleidigung an. Alle wurden zum Polizeirevier gebracht. Die Wohnung wurde durchsucht, aber man fand nichts Belastendes.

Auf dem Revier wurde Bill weiter mißhandelt, und man ließ ihn länger als eine Stunde nackt in seiner Zelle sitzen. Später in der Nacht machte ich mich auf den Weg und löste die drei Frauen aus. Am folgenden Tag stand die ganze Familie vor dem Untersuchungsrichter. Susan kam ins Gefängnis von Holloway. Auch Kathleen behauptete, sie sei rassistisch mißhandelt und ins Gesicht geschlagen worden.

Als es zur Verhandlung kam, wurde Susan von der Anklage des Diebstahls freigesprochen, kam aber wegen ihrer angeblichen Teilnahme an der Schlägerei nur auf Bewährung frei, obwohl man keinen anderen wegen dieses Vorfalls festgenommen hatte. Die schwere Anklage der Körperverletzung gegen Bill wurde fallengelassen, sobald er sie anfocht, doch verurteilte man sowohl ihn als auch seine Frau und Kathleen wegen Beleidigung. Der Revierbeamte und seine vielen Kollegen hatten die Anklagepunkte sorgfältig aufeinander abgestimmt. Der Richter äußerte, es handele sich um einen seiner peinlichsten Fälle. Er verhängte nur die niedrigsten Strafen. Dennoch stand die Familie jetzt im Strafregister. Sie waren Opfer der Schikane geworden.

In unserem Pfarrgemeinderat gab es darüber keinen Zweifel. Wir würden der Familie zur Seite stehen, einen erfahrenen Anwalt finden und die Sache bis zur Berufung durchfechten. Vor dem Berufungsgericht sah dann alles ganz anders aus. Aufmerksam hörte man einer alten Dame zu, die zwei Söhne bei der Polizei hatte und Zeugin der Szene geworden war. Was sie gesehen hatte, stimmte nicht mit den Angaben der Polizei überein, sondern mit denen der Familie. Schließlich betraten Mr. und Mrs. Quaye den Zeugenstand, und der Richter erklärte: „Wir waren während dieser ganzen Verhandlung tief beeindruckt von dem Zeugnis, das Sie ablegten und wie Sie es ablegten. Wir waren beeindruckt durch die Art und Weise, wie Sie dem Kreuzverhör standhielten."

Er erkannte den Vater, die Mutter und die Tochter in allen Anklagepunkten für unschuldig. Die Familie wurde freigesprochen. Bei der Polizei kam es zu einer offiziellen Untersuchung des Vorfalls. Das Ergebnis war, daß der Einsatzleiter seinen Dienst quittieren mußte. Und worauf läuft das alles hinaus? Daß es zwar möglich, aber keineswegs leicht ist, zu seinem Recht zu kommen. Nicht immer ist der Ruf „Bullen" gerechtfertigt, sobald Polizei auf der Szene erscheint. Ein korrupter vorgesetzter Beamter mit Vorurteilen kann den Ruf eines ganzen Reviers zerstören. Doch hatte die Einmischung unserer Pfarrgemeinde unsere Beziehungen zur Polizei zerstört? Weit davon entfernt! Einige jüngere Beamte, die man unter Druck gesetzt hatte, damit sie die Lügen ihrer Vorgesetzten bestätigten, waren uns sogar im stillen dankbar.

Wenn die Behauptung, daß die Kirche zum Nutzen derer existiert, die ihr nicht angehören, auch nur einen Kern Wahrheit enthält, dann ist der „Fall Quaye“ ein gutes Beispiel dafür, was eine solche Offenheit bedeutet. Die Solidarität mit dieser gemischtrassigen Familie brachte uns auf keine Weise in Konflikt mit unserer kritischen Solidarität gegenüber den Hütern der öffentlichen Ordnung. Letztlich kam unsere Intervention sowohl den Quayes als auch der Polizei zugute. Dieser Einsatz der Gemeinde, durch die Presse weit verbreitet, war ein Stück Zeugnis, wozu eine lokale Kirche überhaupt da ist. Daß es ein noch bedeutenderes Nachspiel geben würde, hatte niemand geahnt.

Nun komme ich zu der ersten Geschichte zurück, die ich in diesem Kapitel erzählt habe. Kurz nach dem glücklichen Ausgang des „Falles“ Quaye tauchten die Reporter jener Wochenendzeitung bei mir auf, die hinter der vermeintlichen Sensation von dem Pfarrer in der Sauna her waren. Natürlich hatten beide Dinge nichts miteinander zu tun. Nachdem ich den Verleger gewarnt hatte, machte ich mir keine Sorgen mehr wegen irgendeiner zu erwartenden saftigen Story. Dennoch begab ich mich am Sonntag darauf nach der Frühmesse zu meinem Zeitungskiosk und überraschte den Verkäufer nicht wenig, als ich zusätzlich zu meinen üblichen Zeitungen ein Blatt ganz anderer Art kaufte. Meine Vermutung erwies sich als berechtigt. Der letzte Absatz einer der Innenseiten enthielt einen Kurzbericht über den Pfarrer von Blackheath, der der Bezirksverwaltung von Kensington und Chelsea einen Saunaclub empfohlen hatte. Er entsprach den Tatsachen, war harmlos und ganz und gar uninteressant.

Guter Dinge kehrte ich ins Pfarrhaus zurück, um auch meine Frau zu beruhigen. Doch als ich dort ankam, traute ich meinen Augen nicht, und meine gute Laune verwandelte sich in Panik. Vor der Tür parkten vier Wagen, alle voll von Zeitungslesern. Blitzschnell folgerte ich: Die ganze Sache beginnt erst! Hier waren die Reporter der täglichen Boulevardblätter, die jeden Morgen überall auf dem Tisch liegen, und sie warteten nur darauf, anzügliche Fragen zu stellen und Fotos dazu zu machen. Beim Frühstück war meine ganze gute Laune verflogen bei dem Gedanken an die zu erwartenden Verunglimpfungen durch die Medien, denen so viele Menschen täglich ausgesetzt sind. Das Beste, was ich dem Ganzen abgewinnen konnte, war die Überlegung, selbst dabei etwas über unsere offene Kirche und die Liebe Gottes zu allen Menschen mitteilen zu können. Wenn andere mit derartigen Überfällen fertig werden müssen, warum nicht auch ich? So schickte ich mich in das Unvermeidliche, faßte mir ein Herz und ging quer über die Straße hinüber zur Kirche.

Was mich dort erwartete, war absolut unvorhersehbar und hätte mir gar nicht gelegener kommen können. Die Leute in den Wagen waren die Vorhut einer Abordnung der „Nationalen Front", der selbsternannten Rassenwächter Englands, die ausgeschwärmt waren, um gegen unser Engagement für die schwarze Familie zu protestieren, das ihr geholfen hatte, zu ihrem Recht zu kommen. An der Kirchentür wurden Handzettel an die Gemeinde verteilt, mit denen dazu aufgefordert wurde, den „kommunistischen Pfarrer und maoistischen Vikar" zu feuern. Plakate gleichen Inhalts klebten überall. Selbst meine jüdische Abstammung mußte als „Beweis" dafür herhalten, daß ich nicht würdig sei, der Staatskirche zu dienen. Was für ein größeres Kompliment konnten diese Faschisten uns machen, als aufzukreuzen, um uns zu verdammen? Irgendwie muß unsere Botschaft bei ihnen angekommen sein.

Eine kleine Abordnung, die Martin Webster, der Organisator der „Nationalen Front" abkommandiert hatte, kam hinein in den Gottesdienst. Ich war fest entschlossen, jetzt erst recht am Prinzip der für alle offenen Kirche festzuhalten. Es war sonnenklar: Die Protestler waren darauf aus, meine Predigt zu stören. Es wurde nicht die Predigt, die ich für diesen Morgen vorbereitet hatte. Ich hob hervor, unsere Kirche verfolge letztlich den einen Zweck, alle Menschen an Gottes Liebe teilnehmen zu lassen. Wir haben unser Bestes getan, unsere schwarzen Nachbarn zu lieben. Heute stünden wir vor einer härteren Herausforderung: Wie schaffen wir es, die Mitglieder der „Nationalen Front" zu lieben, die für so vieles eintreten, das in unseren Augen von Übel ist? „Und wie steht's mit der Polizei?", fielen sie mir ins Wort. „Das ist einfacher", erwiderte ich. „Wir haben der Polizei bereits geholfen, sich von denen zu trennen, die für ihren schlechten Ruf verantwortlich sind."

Nicht oft hat ein Pfarrer die Chance, einen Predigtdialog mit Gegnern des Evangeliums zu führen. Doch Predigten sind kurz – jedenfalls in der Anglikanischen Kirche. Ich deutete an, daß wir mehr Zeit benötigten, um miteinander zu reden. Nun gut. Vielleicht ließe sich das nach dem Gottesdienst einrichten. Mein Vorschlag brachte die Demonstranten in Verwirrung. Sie hatten gehofft, wir würden sie hinauswerfen, und hatten Fotografen dabei, um die Handgreiflichkeiten aufzunehmen.

Es herrschte Friede. Als der Gottesdienst vorüber war, bestand ich darauf, unsere Besucher für die Pfarrchronik zu fotografieren. Und ich forderte Martin Webster auf, mit etwa fünfzehn seiner Leute kommenden Mittwoch zurückzukehren. Von uns werde dieselbe Anzahl anwesend sein, um sich ihre Ideen anzuhören und sie auch wissen zu lassen, wie wir darüber dachten. Wir konnten es kaum glauben, als sie tatsächlich erschienen. Die Sache hatte etwas von einem Dialog mit einem Tauben – kein Wunder! Trotzdem war es wichtig. Sollte es uns nicht gelingen, ein paar Herzen und Köpfe zu ändern? Diese jungen Leute, denen meistens so vieles abging, hatten in ihrem Leben wahrscheinlich noch nie Ideen gehört wie von uns, noch dazu von Menschen, die sie zuerst sprechen ließen und ihnen mit großer Geduld entgegentraten. Natürlich konnten sie vor allen anderen nicht offen zugeben, daß sie unrecht hatten. Doch wie viele von ihnen waren zwei oder drei Monate später noch immer Mitglieder der „Front“? Gott allein weiß es. Bestimmt kam keiner von ihnen je wieder in unsere Kirche. Es gab also keine ergreifende Geschichte einer Bekehrung, doch ein reales Zeichen dafür, daß wir uns ebenso um sie kümmerten wie um unsere schwarzen Nachbarn. Vielleicht hätten wir an jenem Abend Bill Quaye bei uns haben sollen oder Susan beziehungsweise Kathleen, die übrigens heute als Mannequin der internationalen Mode in Mailand arbeitet.

Ende der Geschichte? Beinahe. Bevor die Großtaten der „Nationalen Front“ an die Presse gingen (dafür hatten sie gesorgt), berichtete ich alles, was sich ereignet hatte, meinem Bischof. Es schien mir doch zu wichtig, um es dem Bischof vorzuenthalten. Er war der Auffassung, wir hätten einen großen Fehler begangen. Als die Mitglieder der „Front“ einen öffentlichen Gottesdienst störten, hätten sie rechtswidrig gehandelt und dafür zur Verantwortung gezogen werden müssen. Ich hätte, so der Bischof, die Polizei rufen müssen. Mervyn Stockwood war ein Bischof, dessen Amtsführung ich sehr bewunderte. Doch in diesem Falle war ich sicher, daß er sich irrte. Wenn die jungen Neofaschisten andere angegriffen hätten, dann hätte die Sache auch anders gestanden. Doch wenn die Kirche angegriffen wird, sollten Gottes Waffen der Wahrheit, Gerechtigkeit, Geduld und Liebe ausreichen ... und das schließt auch den heiligen Zorn Gottes nicht aus. Nie vor- und nachher war unsere Gemeinde so stark und einig wie an jenem Tage. Gilt also auch für die Kinder des Lichtes, daß nichts sie fester zusammenschweißt als ein gemeinsamer Feind?

Das alles klingt so nett, glatt und nach Erfolg – so nach gelungener pastoraler Fürsorge. Daher möchte ich daran erinnern, daß wir gar nichts unternommen hatten zu erfahren, welche Hilfe der Polizeibeamte brauchte, der seinen Job verloren hatte. Wir schlossen ihn zwar in unsere Gebete ein, boten ihm aber keinerlei Hilfe an. Daß er sie wahrscheinlich zurückgewiesen hätte, tut nichts zur Sache. Es ist gut, daß jeder Gottesdienst mit einem gemeinsamen Sündenbekenntnis beginnt: „Alle haben gesündigt und ermangeln des Ruhmes Gottes.“

Lektionen in Demut
Die „Rache Gottes“

Es war ein gutes Gefühl, einer kleinen Gruppe christlicher Ostermarschierer anzugehören, die an einem der Tore der Raketenbasis von Greenham Common Gottesdienst feierten. Anwesend waren wir als Zeichen des Widerspruchs. Wir waren da, um zu betonen, daß – komme, was wolle – in unserem Namen und im Namen unseres Gottes niemals Atomraketen abgefeuert werden dürften. Wir wußten: Wir verfügen nicht über die Macht, sie zu entfernen. Statt dessen hatten ihre Wächter die Macht, uns zu entfernen, wenn immer irgend etwas von dem, was wir taten, die militärische Sicherheit bedrohte. Dennoch sangen wir einen Hymnus, dessen Kehrreim uns immer, immer und immer wieder einprägte: *Unser Gott regiert!* Ein gutes Gefühl.

Doch während die anderen noch sangen, verstummte ich. „Nein, nein, nein!“, rief mir eine innere Stimme zu. Das ist eine Lüge. Unser Gott regiert nicht. Unser Gott hat abgedankt. Wir leben in einer Welt religiöser Selbsttäuschung. Das ist ein falscher Luxus. Unser Gott ist ein Versager und nur hier, wie wir, weil es ihm andere gestatten. Unser Gott ist noch immer jener Gott, der in der Person Christi schweigend und hilflos vor Pilatus stand. Gekreuzigt, auferstanden und in den Himmel gefahren, eins mit dem Vater und dem Heiligen Geiste. Ja doch. Aber mit welchem Recht wenden wir unsere weltlichen Machtvorstellungen an, um aus dem leidenden Christus einen siegreichen Helden zu machen? Der endgültige Sieg über das Grab, das tiefe Geheimnis des Triumphes der Liebe über die Furcht – *das* läßt uns singen: „Der Gefangene entspringt und verliert seine Ketten..." Es gibt also Gründe, nicht nur für Glauben und Liebe, sondern auch für Hoffnung. Doch besteht keinerlei Grund anzunehmen, daß die Welt etwas anderes ist als ein Schlachtfeld, auf dem Gottes Menschlichkeit eine Niederlage nach der anderen erleidet. Weder in uns noch in dem, was uns umgibt, gibt es die kleinste Rechtfertigung für den Glauben, daß Gott alles unter Kontrolle hat.

Sehr viel glaubhafter ist, daß sich Gott verbirgt, daß er ein *deus absconditus* (ein „verborgener Gott") ist. Daß trotz alledem einige Menschen aus Fleisch und Blut dem Auferstandenen begegnet sind, bleibt ein großes Wunder. Uns begegnet er inkognito. Vielleicht geht er zusammen mit uns auf unserer Straße nach Emmaus, doch wie der Himmelsvogel bleibt er unfaßbar. Wir können ihn nicht greifen, festhalten oder festbinden. Was tun wir also? Wir errichten ihm riesige fromme Statuen. Wir schaffen die Idole göttlicher Macht, die uns in falscher Sicherheit wiegen. Und unser Beten hat mit der Wirklichkeit nichts mehr zu tun.

In der Schöpfung herrscht Autonomie, und innerhalb dieser Autonomie ist uns, die wir nach Gottes Bild geschaffen sind, ein echtes Maß an Freiheit gegeben. Ja – wir haben Macht. Mag sein, daß wir sie gar nicht wollen. Vielleicht schreiben wir sie lieber Gott zu. Aber es ist unsere. Innerhalb der vielfältigen Beschränkungen, die uns die Ordnung dieser Schöpfung auferlegt, sind wir mit Vollmacht ausgestattet. Begrenzt und eingeschränkt werden wir nur – allerdings in sehr wesentlichem Maße – durch unser totales Eingebundensein in die übrige Schöpfung und unsere ererbte Vergangenheit. Wir sind in einen Zusammenhang eingeflochten, ein Kontinuum, das wir uns nicht ausgesucht haben. Doch innerhalb dieses Rahmens sind wir frei.

Folglich bedeuten solche Gebete, die Gott vorschreiben, was er tun soll, eine Weigerung, Verantwortung zu übernehmen. Nicht Gott läßt Kriege ausbrechen und beendet sie.

Wir tun es. Nicht Gott gibt hungrigen Kindern zu essen oder läßt sie hungern. Gott herrscht nicht und annulliert nicht unsere Entscheidung. Die Welt ist nicht sein Marionettentheater. Ein Priester in einem Passagierflugzeug, das abzustürzen droht und der deswegen betet, kann dadurch, daß er um Gottes Eingreifen bittet, die Katastrophe nicht verhindern. Er macht aber trotzdem in seiner Hilflosigkeit nicht einfach Reklame für einen hilflosen Gott. Das Gebet des liebenden Herzens bewirkt mehr, als unser Verstand zu fassen vermag. Im Augenblick der Krise – auch einer technischen Krise – im Gebet die Menschen zu umarmen, die an den Schalthebeln sitzen, bedeutet, auf geheimnisvolle Weise an der Steuerung teilzuhaben. Mit sorgendem Herzen sowohl den Arzt als auch das kranke Kind im Gebet zu umarmen, heißt, in den Heilungsprozeß einzutreten. Und so geheimnisvoll unser Gebet Teil der Realität ist, so ist auch Gott Teil der Wirklichkeit – gegenwärtig, lebendig, leidend und sterbend; immanent und transzendent. Aber auf gar, gar, gar keinen Fall ein Gott an den Schalthebeln der Macht.

Wenn alles, was geschieht, irgendwie „dem Willen Gottes" entspricht, dann hätten wir weit mehr Grund als einst Hiob, diesen Gott zu verfluchen, zu verdammen und abzulehnen. Wenn wir all unsere Vorstellungen von Gottes Herrschermacht beibehalten und allen Ernstes glauben, diese Idealisierungen, diese „verbalen Ikonen", entsprächen der Wirklichkeit, werden alle moralischen und ethischen Kategorien zu Unsinn. Denn dann liegt das Böse ebenso in der Verantwortung Gottes wie das, was wir gut nennen. Dann wird auch alles Streben nach dem Guten sinnlos. Für das Böse, für den Kuß des Judas, für meine eigene Rebellion gegen die Liebe, habe ich keine rationale Erklärung. Ich nehme nur hin, was mir mein Verstand und mein Gewissen bezeugen – daß es im Kern der Schöpfung eine Art chronische Erkrankung gibt, an der wir alle leiden. Gleichzeitig aber enthält Jesu Leben, Tod und Auferstehung das Versprechen: Es gibt auch einen

Heilungsprozeß. Zwar herrscht Krieg, doch gleichzeitig verhandelt man schon über den Frieden. Die Schöpfung seufzt und wartet zugleich darauf, wiedergeboren zu werden. Mittlerweile ist Gott in dieser Schöpfung ein Fremder, der noch nicht einmal Asylrecht beanspruchen darf. „Denn die Seinen nahmen ihn nicht auf."

Daher will ich nicht die Dinge schicksalsergeben hinnehmen, als ob alles an Gott läge, der einen großen Plan hätte. Für das verdammte Chaos, das wir angerichtet haben, müssen wir Heilmittel finden. Heilmittel gegen den Krebs, eine Zivilisationskrankheit, Heilmittel gegen den Krieg, auch eine Zivilisationskrankheit. Und Heilmittel nur für jeden einzelnen genügen nicht. Epidemien sind ein Problem für alle.

Doch im Wissen um Gottes Demut, seine Weise, sich zum Narren zu machen, ja seine Hilflosigkeit, kann ich besser mit meinen Fehlern umgehen und die Fehler anderer akzeptieren. Manchmal scheint mir der Hauptvorteil des Christseins darin zu bestehen, daß es uns für immer von der Notwendigkeit freimacht, unser Gesicht zu wahren. Wenn Gott Versagen auf sich nimmt, warum muß ich dann immer so tun, als wäre ich ein einziger Erfolg?

Und überhaupt – was ist Erfolg? Wer beispielsweise ist eitler, aber auch weniger mit sichtbarem Erfolg gesegnet als ein Prediger? Tatsächlich habe ich nicht den geringsten Beweis dafür, daß meine besten, tiefsten und bewegendsten Predigten Gottes Königreich auch nur einen Tag näher gebracht hätten. (Natürlich ist mir der Widerspruch bewußt, daß ich Ausdrücke wie „Königreich" verwende, ohne daß es einen „König" gibt, sondern nur einen leidenden Knecht. Können wir anfangen, die „Majestät" der Demut Gottes zu begreifen?)

Es geht um Demut, nicht um Ängstlichkeit. Jesus, der junge Rabbi, der predigend durchs Land zog, forderte die gesamte theokratische Machtstruktur des Tempels heraus. Im Jerusalem des ersten Jahrhunderts unserer Zeitrechnung war dieser Tempel Kathedrale, Parlament, Gerichtshof und Börse – alles auf einmal. Es gab keine Gewaltenteilung im Jerusalem des Tempels. Es gab nur die noch größere Macht Roms. Und – noch paradoxer – weil der Statthalter Roms schwach war, mußte der Menschensohn sterben. Gewiß – er kam wieder. Doch in aller Stille und auf geheimnisvolle Weise, nicht triumphierend und mit jener Pracht, derer wir offensichtlich bedürfen, um unseren Stolz als Glieder der Kirche zu pflegen und unseren schwankenden Glauben zu festigen.

Ich weiß noch genau, für wie wichtig und bedeutend ich eine Predigt hielt, die ich anläßlich der Eröffnung des akademischen Jahres in der vollbesetzten Kathedrale von Bristol zu halten hatte. Ich arbeitete und arbeitete an ihr – immer wieder überarbeitete ich sie, sperrte mit allen akademischen Tricks den Himmelsvogel in einen Käfig – und als es dann so weit war, lief alles falsch. Innerhalb von Minuten spürte ich: Die Studenten hören gar nicht mehr zu, doch ich zog als Gefangener meines vorbereiteten Textes die Sache durch. „Eine Katastrophe", sagte ich zu dem Domherrn, dessen Gastprediger ich war, als wir gemeinsam die Kathedrale verließen. Er nickte.

Jahre später stand ich eines Winterabends im Graupelregen auf einem Bahnsteig in Mittelengland und fror. Da näherte sich mir eine junge Frau. „Sind Sie nicht der Domherr Oestreicher?" Ich gab es zu. „Ich schäme mich", fuhr sie fort. „Schon immer wollte ich Ihnen schreiben! Erinnern Sie sich noch an die Predigt, die Sie damals in der Kathedrale von Bristol gehalten haben?" „Lieber nicht!", erwiderte ich. „Nun, ich möchte Ihnen nur sagen: Diese Predigt hat mein ganzes Leben wunderbar verändert!" Mein Zug fuhr ein. Sie war weg.

Selten erhalten wir den Beweis, daß ein Mißerfolg, ein Versagen, ein Fehler gar nicht das war, was wir meinten. Meist gibt es da nichts zu retten. Kein neues Leben blüht aus den Ruinen. Nur der kalte Wind der Ablehnung.

Es gibt auch Fehler, die Aufsehen erregen. Am Hyde Park-Ende von Piccadilly in London, wo sich heute das Hotel Intercontinental befindet, gab es einst große viktorianische Villen. Eine davon war in den sechziger Jahren von Hippies besetzt, die lange Zeit von der Polizei belagert wurden. Die Sache löste beträchtliche bürgerliche Verachtung aus. Eines Sonntagmorgens predigte ich darüber, wie wichtig es sei, daß es im reichen Londoner Westend diese Hippies gebe. Ich hätte gern gewußt, ob Jesus nicht lieber bei den Hippies gewesen wäre als bei der ausgesprochen vornehmen Gemeinde der St. James' Church in Piccadilly. (Sie ist es heute zum Glück gar nicht mehr.)

Als der Gottesdienst vorbei war und wir beim Kaffee saßen, versuchten einige jüngere Gemeindemitglieder, mich herauszufordern. „Wenn Sie der Meinung sind, Jesus wäre lieber dort – warum gehen Sie dann nicht hin und predigen denen anstatt ausgerechnet uns?" „Ausgemacht", gab ich zurück, „wer kommt mit?" Freiwillige Begleiter gab es genug. Also setzte sich eine förmliche Prozession, allen voran der Pfarrer und seine Diakonin, mit Brot und Wein und unserem besten Abendmahlskelch in Marsch und unternahm vom Südufer der Themse aus einen Ausflug in die Diözese London (für den ich mich später beim Bischof zu entschuldigen hatte). Es erwartete uns viel weniger, aber auch viel mehr als das, womit wir gerechnet hatten. Als wir uns dem belagerten Haus näherten, das von viel stärkeren Polizeikräften umstellt war, als wir erwartet hatten, wurden wir von einem ganzen Schwarm von Reportern überfallen. Ein ganzes Rudel von Fotografen. Nun hatten sie auch noch einen religiösen Angriffspunkt! Zu unserer Bestürzung sahen wir uns tags darauf auf den Titelseiten. Weiter kamen wir gar nicht, denn die Polizei hatte zwei Stunden vorher begonnen, die Hausbesetzer vor die Tür zu setzen. Sie gaben sich geschlagen und kamen langsam, einer nach dem anderen, heraus. Wir konnten nur herumstehen und zusehen. Und zurück nach Hause fahren.

Es war für uns eine Lektion in Demut, denn wir erfuhren, daß die ganze Zeit über einige Nonnen bei den Hippies im

Hause gewesen waren. Doch schien uns, als ob auch unser Auftauchen nicht gänzlich sinnlos gewesen wäre. Was vielleicht der letzte niederschmetternde Schlag hätte sein können, kam von einem Mitpriester, der schon lange im Londoner Westend zuhause war und den ich sehr schätzte. Er schrieb mir einen Brief, der mit den denkwürdigen Worten begann: „Der kirchliche Narr, der, wie gewöhnlich, zu spät kam ..." Das besiegelte unsere Freundschaft.

Wahrscheinlich bin ich Hitler mehr als einmal zu Dank verpflichtet. Ohne ihn hätte ich nicht so früh gelernt, für Zurückweisung aufgeschlossen zu sein, ohne mich von Rachegefühlen belasten zu lassen. Meine kurze, doch vergnügliche militärische Karriere ging nie über das Kadettenkorps unserer High School hinaus. Ich war besser als so mancher durchschnittliche Hauptfeldwebel. Als ich noch Korporal war, hatte ich eine Abteilung zu führen, die am Tage von Anzac, dem neuseeländischen Volkstrauertrag, am Kriegerdenkmal meiner Heimatstadt den Salut abfeuern sollte. Wir übten hart für das Ereignis. Doch einen oder zwei Tage vor dem Gedenktag nahm mich „Curly" Richards, mein Lateinlehrer, etwas schuldbewußt aus der Abteilung. „Tut mir leid", meinte er. „Ich hätte es wissen müssen. Aber die Ehrenabteilung darf nur aus Mannschaftsrängen bestehen!" Mir machte es nichts aus. Am nächsten Abend wurde mein Klassenkamerad Paterson krank. Sein Vater rief an. Ob ich für ihn einspringen könne. „Klar", erwiderte ich, warf meiner Mutter die Uniformjacke zu und bat sie, die Streifen abzutrennen, damit ich wie ein einfacher Kadett aussah.

Als ich am nächsten Morgen zusammen mit den anderen auftauchte, wurde Mr. Richards in seiner Hauptmannsuniform blaß. Er nahm mich beiseite und sagte mir die Wahrheit. Der Präsident der Veteranenorganisation hatte gedroht, demonstrative Maßnahmen zu ergreifen, wenn „dieser Deutsche" der salutschießenden Abteilung angehörte. Ob ich wohl ganz ohne Aufsehen nach Hause ginge? Schon lange hatte ich gelernt: Das Leben war nicht fair. Also nahm ich meinen Drahtesel und radelte pfeifend nach Hause. Schon früh hatte ich auch erkannt, daß es einen Unterschied gibt zwischen dem, was Menschen tun, und dem, was sie sagen. Am selben Tage hörte ich denselben Präsidenten des Veteranenverbandes im Radio sprechen. Er redete wunderschön von Versöhnung und Vergebung, vom Bau einer neuen Welt auf den Trümmern der vergangenen. Ganze sechzehn Jahre alt, entlockte mir die Rede nur ein nachsichtiges Lächeln, ja insgeheim war ich auf eine sonderbare Art sogar im stillen stolz darauf, nach Hause geschickt worden zu sein.

Am folgenden Morgen berichtete unser prinzipientreuer Direktor vor versammelter Schule, was vorgefallen war. „Entweder entschuldigt man sich bei unserer Schule, oder ich trete aus dem Veteranenverband aus.“ Ich ging in sein Büro, um mich bei ihm zu bedanken. „Oestreicher“, erwiderte er streng, „das hat nichts mit Ihnen zu tun. Hauen Sie ab!“ Er kannte die Gefahren des Stolzes.

Es war etwas anderes, als über vierzig Jahre später andere Neuseeländer ähnliches taten. *Oestreicher rejected* („Oestreicher abgelehnt“) lautete die Schlagzeile auf der Titelseite des *Guardian* in London. In einem bestimmten Sinne müßte man fast sagen: Was hätte ein Christ mehr erwarten können! Aber es war nicht leicht. Nach harten Kämpfen und nach vielem Beten hatte ich mich davon überzeugen lassen, nach Neuseeland als Bischof zurückzukehren. Man hatte mich gewählt, doch dann hatten verschiedene Ausschüsse gegen mich Einspruch erhoben – beeinflußt durch Gerüchte, versteckte Anspielungen und Fehlinformationen. Das war nicht leicht. Doch es schmerzte nicht so sehr die Tatsache, daß sich alles in der Öffentlichkeit abspielte und ich dadurch Gesicht verlor (obwohl die meisten annahmen, es sei genau das, was mir am meisten Kummer bereite). Viel schmerzlicher war, daß ich nicht tun durfte, wozu man mich berufen hatte. Daß ich nicht jenem Teil der Christenheit dienen durfte, der eine

Generation zuvor meinen Eltern und mir Zuflucht und ein neues Leben geschenkt hatte.

Ein Priesterbruder, der sich mit aller Kraft für meine Wahl starkgemacht hatte, äußerte die Überzeugung, eine solche Zurückweisung sei – trotz aller offenkundigen Unterschiede – „die Jesus-Erfahrung". Wäre ich doch wirklich jener radikale Christ, den die Ausschüsse abgelehnt hatten! Jesus wurde der Kreuzigung für würdig befunden. Es war kein Irrtum. Schön wär's, wenn ich diese Art von Ablehnung verdient hätte. Es gibt ein Poster von der „bekennenden Kirche" in Südafrika, die die Apartheidpolitik der Regierung bekämpft. Es enthält die Frage: „Würden Sie angeklagt, Christ zu sein, würden die Beweise ausreichen, Sie zu verurteilen?" Ich fürchte, ich müßte mit Nein antworten. Das einzig Tröstliche ist, daß Petrus der oberste Apostel bleiben durfte, auch nachdem er den Herrn verleugnet hatte. Das, so glaube ich, macht es Katholiken möglich, überzeugte Katholiken zu bleiben, auch nachdem sie eine unzensierte Geschichte der Päpste gelesen haben. Wo wäre jeder einzelne von uns ohne das Wunder der frei waltenden Gnade?

Doch ganz gleich wie ein Scheitern zustandekommt, selbstverschuldet oder nicht, haben wir recht, wenn wir das Ergebnis jeweils als den „Willen Gottes" hinstellen? Ich denke nicht. Denn das setzt einen göttlichen Entwurf voraus, der laufend revidiert wird. Es beruht auf der Vorstellung, daß die Welt Gottes Theater ist. Gott hat das Libretto geschrieben, doch wenn wir falsche Töne singen, paßt er die Noten an und schreibt auch den Text neu. Nein – wir besitzen Verstand und Gewissen. Geschichte ist die weise und unweise, moralische und unmoralische Aufzeichnung von Dingen, die uns zeigt, was wir angerichtet haben. Gott selbst ist irgendwie in diesen Prozeß eingebunden. Er ist kein Beobachter, der die Dinge von außen her betrachtet und gute oder schlechte Noten verteilt. Auf geheimnisvolle Weise ist Gott in der Ganzheit, aber auch in der Gebrochenheit unseres Seins gegenwärtig.

Gott in unseren Erfolgen und Gott in unserem Versagen. Gott in unserer Gesundheit und Gott in unserer Krankheit. Gott, wie der schon dem Sterben nahe Bischof John Robinson in einer letzten Predigt voller Hoffnung sagen konnte: „Gott sogar in meinem Krebs." Gott stirbt und lebt mit uns.

Geschah es also nach dem Willen Gottes, daß meine Wahl zum Bischof von Wellington nicht bestätigt wurde – oder gegen ihn? Ich glaube, das ist die falsche Frage. Denn ich bezweifle, daß Gott mit der ganzen Sache überhaupt direkt etwas zu tun hatte. Tatsächlich, so scheint es, überläßt Gott es uns, Entscheidungen zu treffen, ohne daß er Bedingungen daran knüpft. Ob ich lebe oder zu einer bestimmten Zeit sterbe, mag von meiner Diät abhängen, vom augenblicklichen Stand der medizinischen Wissenschaft oder vom Straßenverkehr. Nichts davon liegt „in Gottes Händen". *Wie* wir aber leben und sterben, ist etwas ganz anderes. Und dazu brauchen wir einander, dazu brauchen wir Gottes Gegenwart (ob wir uns ihrer bewußt sind oder nicht). Hierzu brauchen wir sämtliche menschlichen und göttlichen Hilfen.

Wenn Gott aber nichts „programmiert" hat – wie steht es dann mit der Heilsgeschichte? Wie mit Jesu Geburt und Auferstehung? War Pilatus „programmiert"? Besaß er gar nicht die Freiheit, Jesus straffrei ziehen zu lassen? Dann träfe ihn keinerlei Schuld, und er könnte seine Hände mit Recht in Unschuld waschen. Geburt, Tod und Auferstehung Jesu waren, so glaube ich, nicht unvermeidbarer als alles andere in der Geschichte. Und wie steht es mit den Ereignissen, die wir Wunder nennen? Die äußersten Wunder sind unser Dasein und unsere Fähigkeit, darüber nachzudenken. Innerhalb dieses Rahmens betrachten wir Ereignisse als „gewöhnlich" oder „außergewöhnlich". Doch beide sind real. Reizt es nicht allenfalls zu einem milden Lächeln, daß unser begrenzter Verstand das Geheimnis eines immanenten und transzendenten Gottes noch über diesen Punkt hinaus ergründen möchte?

Natürlich sind die Jungfrauengeburt und das leere Grab Möglichkeiten. Doch sollten sie sich je als menschliche Erfindungen erweisen, als Glaubenshilfen, als fromme Legenden – wie könnte das das Erlebnis des lebendigen Christus schwächen, der die Liebe ist, welche uns nicht losläßt?

Gott sei Dank für einen umstrittenen Bischof mit der inneren Freiheit, ein *enfant terrible* zu sein. Die Kirche Englands stirbt eher an geistlicher Langeweile als an Irrlehrern. Doch nachdem Dr. Ramsey seine theologischen Spiele getrieben hat, weiß der Erbe des fürstbischöflichen Sitzes von Durham, der in Auckland Castle residiert, daß das Gleichnis vom Jüngsten Gericht ihm und jedem von uns, ja unserer gesamten abtrünnigen Nation gilt. Dives mag sehr wohl ein „sattelfester Katholik" oder ein „frommer Evangelikaler" sein. Lazarus war dagegen keines von beiden. Doch er, der Arme, befand sich in Gottes Königreich. Gleich, ob Bischöfe doktrinär orthodox sind oder ob sie wild drauflosspekulieren: Der Geist Gottes wird sie – und die einfachen Menschen übrigens auch – nach ihrer Liebe beurteilen. Und nicht nur die Bischöfe! Liebe hat sehr viel mit Brot, Frieden und Erhaltung der Schöpfung Gottes zu tun.

Diese großen Themen geben uns allen Anlaß zur Verzweiflung. Hunger, Folter und Krieg bedrohen die ganze Welt. *Amnesty International* ist ein Stück „Wachstumsindustrie". Dan Berrigans Vision einer Gemeinschaft von Menschen, die in der einfachen Kunst geschult sind, das Evangelium zu lesen und aus dem Glauben zu leben, ist nötiger denn je. Offenheit gegenüber unseren Fehlern, unserem Versagen ist von wesentlicher Bedeutung, wenn nicht Verzweiflung alles Gute verschlingen soll. Und – daran sollten wir uns erinnern – Verzweiflung überfällt uns eher öfter bei den kleinen Dingen des Lebens als bei den großen. So glückte es mir in meinen dreizehn Jahren als Pfarrer nicht, meine Pfarrei zu einem Zentrum des Königreiches Gottes werden zu lassen. Tatsächlich gibt es ein paar Pfarreien, auf die eine solche

Bezeichnung zutreffen könnte. Man nehme nur die katholische Kirche *Our Lady of the Wayside* – Unserer Lieben Frau am Straßenrand – in Solihull, um zu sehen, was ich meine. Aber ich schleppe keine Schuldenlast mit mir herum, weil ich nicht der ehemalige Pfarrer Pat O'Mahoney bin.

Doch im stillen leide ich noch immer daran, daß sich eine Gruppe meiner kreativsten und hellsichtigsten prophetischen Kollegen und Freunde nur aus Mangel an Geduld und Humor mit unserem Bischof anlegte, weil der kein Gespür für ihre Visionen hatte, und meine Versuche, beide Lager miteinander zu versöhnen, auf beiden Seiten als Verrat an ihnen und an der Wahrheit empfunden wurden. Die Bitterkeit und der Schmerz darüber waren nicht so leicht zu heilen. Es sind *diese* Mißerfolge, die einem nahezu das Herz brechen. Und die noch beschämendere Einsicht, daß ich den Kopf zu voll hatte oder zu müde war, um ein krankes Kind zu trösten oder Stunden mit einem trunksüchtigen Penner zu verbringen, der am Verzweifeln war. Wir wären verloren, wenn Schuld an unserer Seele nagt, wäre da nicht die Liebe, die uns nicht losläßt.

Werden die Christen lernen, zu ihren Fehlern zu stehen? Ist eine bußfertige Kirche möglich? Die Kirchengeschichte lehrt: Diese Möglichkeit liegt ziemlich fern. Wie wir unsere kleinen Triumphe auskosten – insbesondere Triumphe über unsere Gegner: Es sind Pyrrhussiege. Mitten in Ost-Berlin ist die schöne, mittelalterliche Marienkirche erhalten. Sie ist viel schöner als der bombastische Dom, den der Kaiser sehr viel später wenige hundert Meter davon bauen ließ und der jüngst auf Geheiß der kommunistischen Behörden wiederaufgebaut wurde. Ein kleines Kreuz krönt den Turm der Marienkirche. Es steht im Schatten des besten modernen Bauwerkes von Ost-Berlin – des eleganten Fernsehturms. Dieser strahlte Programme aus, die kaum jemand sah, weil – aus welchen guten oder schlechten Gründen auch immer – die Kanäle des Westfernsehens viel populärer waren. Hoch oben enthält dieser Fernsehturm ein sich drehendes

Restaurant, von dem aus man auf das einst geteilte Berlin hinabblickt. Und wenn die Sonne auf dieses Restaurant scheint, und zwar ganz gleich, aus welchem Blickwinkel, so leuchtet ein strahlendes Kreuz über Berlin, als ob es so geplant und aus Neonröhren geschaffen worden wäre. Diese Tatsache empfand die kommunistische Parteiführung als so blamabel, daß, dem Vernehmen nach, das Politbüro sich Gedanken machte, ob die Platten der Restaurant-Verkleidung mit nichtreflektierender Farbe überstrichen werden sollten. Und einige Berliner gaben diesem Fernsehturm den Spitznamen: „Die Rache Gottes".

Christen macht das Spaß; „Schadenfreude" ist ein englisches Fremdwort. Es weist die Partei in ihre Schranken. Ja – es läßt sogar vermuten, daß hier ein himmlischer Planer einen witzigen Einfall hatte – das kommunistische Berlin überschaut und beherrscht von einem strahlenden Lichtkreuz! Ein reizvolles Spiel der Fantasie, doch nicht die einzige Möglichkeit, die Zeichen zu deuten. Könnte das Symbol der zwei Kreuze nicht auf eine Art von göttlichem Humor hindeuten, der sowohl die Kirche als auch den Staat in seine Schranken weist: Ein kleines, bescheidenes, fast verstecktes Kreuz oben auf dem Turm der Marienkirche – ein viel auffallenderes, viel unausweichlicheres Kreuz, sozusagen ein Massenmedien-Kreuz, das es hoch überragt und sowohl die Macht als auch die Ohnmacht weltlicher Autorität versinnbildlicht. Während wir mit derartigen Zeichen unsere Spiele treiben, vollbringt beiderseits der einstigen Berliner Mauer der Himmelsvogel seine Wunder – ob die Kirche mitmacht oder nicht.

Das Fest des heiligen Michael

Wenn das Leben – und ganz besonders das christliche Leben – ein ständiger Gegensatz ist, wenn es bedeutet, Tag für Tag mit Widersprüchen zu leben, wobei jede Wahrheit eine Lüge und jede Lüge eine Wahrheit verbirgt, so ist es um so wichtiger, ein stilles, klares Zentrum zu entdecken, wo kein Durcheinander herrscht – ein Geheimnis im Herzen der Schöpfung, über jeglichen Widerspruch erhaben, mit dem die Seele in Freiheit umgehen kann.

Die Entdeckung dieser einen Sache, die wirklich zählt, die innere Reise hin zur letzten Wahrheit, kennt keine vorgeschriebene Route. Man findet die tiefen Brunnen des Wassers des Lebens an verschiedenen, ganz unterschiedlichen Stellen. Jedes einzelne Wesen in Gottes Schöpfung hat seine ganz spezifische Art und Weise, dieselbe Wahrheit Gottes zu erfahren.

Die, denen das Geheimnis des Lebens ermöglicht hat, ein Stück Weg zusammen mit Jesus zu gehen, werden je ihrem eigenen Heiland begegnet sein, und doch dem gleichen Gott. Wenn sich die Widersprüche auflösen in das ganz Einfache, wird es für jeden klar werden, daß, je näher wir zum Himmelreich Jesu kommen, desto tiefer und überzeugter werden wir an immer weniger glauben. Die Liebe allein wird uns schließlich genügen. Schon dies in Worte zu fassen, bedeutet Verwirrung, Trübung des Wassers.

Jede Glaubensart hat hierfür einen anderen Ausdruck. Der Mystiker will überhaupt nicht davon sprechen. Der Jünger hat es nicht nötig. Eine andere teilt einfach ihr Brot oder hält dem sterbenden Bettler die Hand. Der Satiriker wird jede Art dogmatischer Erklärung aufs Korn nehmen, und der

Witzbold wird den letzten Widerspruch in Lachen bersten lassen. Ein Kind wird die Nacktheit reich gekleideter Würdenträger enthüllen, und die Mutter trocknet die Tränen des letzten Guru, dessen hochtrabende Heilslehren wie Seifenblasen im Wind geplatzt sind. Die Reichen werden Zeit finden, ihre Kinder mit Kränzen aus Löwenzahn zu krönen wie die Armen, die dennoch reicher sind. Und die Experten im Beten werden – stellvertretend für uns alle – wissen, wie man all das Gott erklärt.

Einer schönen jungen Frau in Neuseeland habe ich zu verdanken, daß ich an meinem siebzehnten Geburtstag, am Fest des Erzengels Michael 1949, in einer kleinen Kirche in Dunedin, die (wie die Kathedrale von Coventry übrigens auch) Michael und allen anderen Engeln geweiht ist, zum ersten Mal Jesus zu früher Stunde im Brotbrechen, in der heiligen Kommunion, begegnete. Meine Reise in mein Inneres nahm damals jene Wende, die mich später zum Priestertum führte. Ich kannte schon den Jesus, der auf der Straße nach Damaskus Paulus mit einem strahlenden Licht geblendet hatte. Ein solches dramatisches Erlebnis hatte meinen agnostischen jüdischen Vater dazu gebracht, sich taufen zu lassen. Und ich hatte den Heiligen Geist erlebt, das Innere Licht, wie er gemeinsam im andächtigen Schweigen einer Quäkergemeinde erfahren wird. Zu diesem Geist, der das allgemeine Priestertum aller Gläubigen bekräftigt – im Unterschied zu den Großkirchen –, kehrte ich später in meinem Leben zurück. Dabei gab ich mein spezielles Priestertum keineswegs auf, sondern verankerte es nur fester in jener allgemeinen Priesterschaft, die den Menschensohn mit der gesamten Menschheit verbindet.

Daß Männer und Frauen gleichermaßen an diesem Priestertum teilhaben, zugleich weltumspannend und ganz persönlich, ist gewiß wahr. Der größere Teil der Christenheit – einschließlich der Kirche von England – ist allerdings noch nicht gewillt, diese Realität anzuerkennen. Die Kirche läßt sich von dem Prinzip leiten: Keine Veränderung ist normal, treten Veränderungen ein, so sind sie die Ausnahme. Dieses Prinzip ermöglichte es, daß in etwa achtzehnhundert Jahren „christlicher" Geschichte die Sklaverei unwidersprochen weiterbestand. Schließlich hatte auch der Apostel Paulus nichts gegen sie einzuwenden. Auch als Gewährsmann einer ausgesprochenen Männertheologie eignet sich der Heilige Paulus vortrefflich, doch – meiner Überzeugung nach – liegt man damit ebenso falsch, wenn man die Gegenwart des Heiligen Geistes ernst nimmt. Eine Kirche, die sich hinter der Schrift und der Überlieferung versteckt, um sich gegen ihre Angst vor dem Leben zu verbarrikadieren, hat einfach ihren Herrn nicht in der Synagoge sprechen gehört: „Ihr habt gehört, daß gesagt ist ... ich aber sage euch!" Das liberale, reformierte Judentum hat dieser Kirche schon längst den Rang abgelaufen, was auch für den besten Teil der nichtreligiösen Welt gilt, soweit sie sich ihrer Verantwortung bewußt ist. Die immer wiederkehrende Tragödie der Geschichte des Christentums besteht darin, daß die Kirche, die vom Herrn berufen wurde, in der Welt, doch nicht von dieser Welt zu sein, viel öfter *von* dieser Welt war, aber nicht *in* ihr.

Was symbolisiert der Erzengel Michael? Gottes Streit mit einer verwirrten Menschheit. Einer der tieferen Widersprüche des christlichen Glaubens besteht darin, daß der Friedensfürst erklärt hat, er sei nicht gekommen, den Frieden zu bringen, sondern das Schwert. In ihrer langen Geschichte zog es die Christenheit im allgemeinen vor, ihr Schwert gegen die Feinde des *Status quo* zu richten, gegen die Feinde der Mächtigen und Reichen, die Feinde der kirchlichen Autorität. Damit richtete sie ihr Schwert gegen ihren eigenen Herrn. Der Teufel entfaltet seine schlimmsten Verführungskünste ganz selten nur im Lager der Gegner. Viel eher ertappt man ihn mitten in der Kirche. Wo beispielsweise liegen die Wurzeln von Auschwitz? In Jahrhunderten antisemitischer Theologie. Wo sind die Wurzeln des atheistischen Kommunismus? In

Jahrhunderten des Paktierens der Kirchen mit den Unterdrückern der Armen.

Um ein anderes Bild zu gebrauchen: Die Kirche wurde von der Welt nicht so aufgenommen wie Salz, das sich auflöst und der Speise neuen, kräftigen Geschmack gibt. Vielmehr gefiel sie sich meist in der Rolle des Zuckergusses dieser Welt. Sie versüßte das Unerträgliche und änderte nichts.

Heute Christ in der Kirche zu sein, heißt, bewußt diese Schuld auf sich zu nehmen und dieses Kreuz zu tragen, das sich die Kirche selbst auferlegt hat – das Kreuz unseres geistlichen Bankrotts. Kein schicker Radikalismus kann diese Schuld tilgen. Wenn sich Christen im Westen die „Befreiungstheologie" zu eigen machen, ohne selbst in einem bestimmten Land ihr Leben in die Waagschale zu werfen und an dessen Freiheitskampf teilzunehmen (und zwar mit all den ethischen Widersprüchen, die daraus entstehen können), so heißt das nur, sich mit den Machtstrukturen von morgen gutzustellen statt mit denen von heute. Es ist nicht mehr als ein bequemes soziales und psychologisches Auf-Nummer-Sicher-Gehen. Bilder von Oscar Romero in kirchlichen Stuben in Europa oder Amerika sind keine Freifahrscheine in Gottes Königreich.

Und doch ist die Kirche nicht unrettbar verloren. Gottes Erniedrigung ist nicht unumkehrbar. Zwar verbringen die meisten von uns ihre Tage, als ob es keinen Gott gäbe, doch fehlt es in und um uns nicht an sichtbaren Zeichen der Auferstehung. Menschen sind fähig zu lieben und sich lieben zu lassen. Jene Frau in Moskau, die selbst Hunger litt und deren Söhne gefallen waren, die aber Brot an gebrochene, fast verhungerte deutsche Kriegsgefangene verteilte, die in demütigender Weise durch die sowjetische Hauptstadt getrieben wurden, als Hitlers Träume in Scherben lagen, ist ein solches Zeichen. Franz Jägerstetter, ein gläubiger katholischer Bauer, der Bischöfen und Generälen die Stirn bot und lieber zur Guillotine schritt, als in Hitlers Unrechtskriegen zu kämpfen.

Mutter Maria Skobotsowa und Pater Maximilian Kolbe – eine orthodoxe Nonne und ein römisch-katholischer Ordensmann – nahmen den Platz von Opfern ein und starben an ihrer Statt in Hitlers Vernichtungslagern.

Leo Tolstoi schrieb eine Kurzgeschichte, deren Titel sich wie eine Zusammenfassung alles dessen ausnimmt. Er lautet: „Wo Liebe ist, ist Gott." Denn Gott ist Liebe. Niemals werde ich in der Falle jener Art christlicher „Rechtgläubigkeit" gefangen sein, deren Bestandteil die Vorstellung ist, nur diejenigen könnten „gerettet werden", die „rechtgläubig" sind – was immer diese seltsame Ausdrucksweise auch besagen mag. Wenn aber „gerettet", „erlöst", „losgekauft" einen Sinn haben, dann doch wohl den: Nicht deshalb sind wir „gerettet", weil *wir* etwas tun oder glauben, sondern weil Gottes sich selbst entäußernde, sich selbst schenkende, sich selbst opfernde Liebe uns nicht losläßt. Daß einige von uns sich zeitweise dessen sogar bewußt sind, ist Wunder genug.

Der Gedanke hat aber auch etwas Furchteinflößendes. Was geschieht, wenn wir dieser Liebe den Rücken zukehren? Eine Antwort findet sich in dem Gleichnis vom Jüngsten Gericht. Zu den Gerechten sagt Gott: „Ich bin hungrig gewesen, und ihr habt mir zu essen gegeben. Ich bin durstig gewesen, und ihr habt mir zu trinken gegeben. Ich bin ein Fremder gewesen, und ihr habt mich aufgenommen. Ich bin nackt gewesen, und ihr habt mich gekleidet. Ich bin im Gefängnis gewesen, und ihr habt mich besucht." Die Ungerechten hatten das alles unterlassen. Und wer ist dieser Gott? Mein Mitmensch, mein Kind, mein Feind und sogar ich selbst.

Wenn das die ganze Wahrheit wäre, gäbe es kein Evangelium, keine „Frohe Botschaft". Aber derselbe Gott in Christus betete, ans Holz genagelt, für die, die im Begriff waren, ihn zu töten. Das ist das äußerste Wunder. Meine Lebenserfahrung lehrt mich, daß nicht nur Christen – ja bisweilen Christen zu allerletzt – Zeichen gekreuzigten und auferstandenen Lebens sind. Gott sei Dank hat keine geistliche Elite das Monopol, für andere zu leben. Mein alter kommunistischer Freund James Klugmann, mit dem ich in den sechziger Jahren *What Kind of Revolution* („Was für eine Revolution?“) herausbrachte, bezeichnete sich selbst als Atheisten. Aber er war Jesus näher, als ich es je war. Wie Jesus war er ein Mensch für andere. Aber auch eingefleischte Konservative sind für den Heiligen Geist nicht unerreichbar. Das gilt – die Geschichte lehrt es – sogar für Päpste und Erzbischöfe. Wunder haben keine Grenzen.

Sollte ich mich im letzten Absatz aus Versehen „in den Bereich der Politik verirrt“ haben? Gewiß – viele werden sagen wollen, diese Erkenntnisse des Geistes seien zu sublim, als daß man sie der Befleckung durch unsere schmutzigen menschlichen Konflikte aussetzen dürfte. Wirklich? Gewöhnlich wird das Gleichnis vom Jüngsten Gericht so verstanden, als spräche Gott zur einzelnen Seele. Und diese Auslegung ist auch eindrucksvoll. Aber wie lauten die Anfangsworte? „Wenn der Menschensohn kommen wird in seiner Herrlichkeit ... werden *alle Völker* vor ihm versammelt werden, und er wird sie voneinander scheiden, wie ein Hirt die Schafe von den Böcken scheidet ...“

Wenn das zutrifft, kann man sich der Politik nicht entziehen. Wenn es die Hungrigen zu speisen und die Unterdrückten zu befreien gilt, so ist das sowohl eine Aufgabe für die Völker wie für jedes einzelne Kind Gottes. Liebe hat in hohem Maß mit Gerechtigkeit zu tun, und Gerechtigkeit mit Wirtschaft und Politik. Und wo wir unser Geld anlegen, hat alles mit dem Königreich Gottes zu tun. Wie Amerika, England, Frankreich und Deutschland mit ihren eingewanderten Arbeitskräften umgehen, qualifiziert sie alle für die Verdammnis. Sie beklagen die Apartheid, profitieren jedoch weiter von ihr. Gott läßt sich nicht zum Narren machen.

Natürlich gibt es praktische Unterschiede, doch letztlich läßt sich keine gültige Trennungslinie zwischen dem persönlichen und politischen Bereich ziehen. Beide sind jeweils ein Spiegelbild des anderen. In beiden gibt es Ehre und Verrat.

Beide stehen und fallen zusammen. Und werden zusammen gerettet. Trotz allen Scharfsinns läßt sich Reinhold Niebuhrs Hauptthese, die er in *Moral Man and Immoral Society* („Der moralische Mensch und die unmoralische Gesellschaft“) vertritt, weder in der Theorie noch in der Praxis aufrechterhalten. Der Kampf des Erzengels mit dem Satan wird immer beides sein, persönlich und politisch. Es ist die Wechselbeziehung zwischen beiden, die wirklich aus uns Menschen und auch aus Gott Gott macht. Der prophetische John Groser, der in der Zeitspanne zwischen den beiden Weltkriegen Pastor im Londoner *East End* war, brachte dies einfach und klar in seinen geistlichen Lebenserinnerungen *Persons and Politics* zum Ausdruck, die kurz nach dem Zweiten Weltkrieg erschienen.

Hier nun – um die Gedanken eines aufsässigen Priesters und unbequemen Quäkers abzurunden – seien noch fünf Erfahrungen aus dem Bereich der ökumenischen Seelsorge angeführt, die mir zu der Überzeugung verholfen haben, daß auf der langen Straße zum Königreich Gottes Personen und Politik eins sind, wie auch Gott in drei „Personen“ Einer ist.

Nach den Soweto-Unruhen des Jahres 1976 hatte ich als Vorsitzender der britischen Sektion von *Amnesty International* die ebenso lohnende wie quälende Aufgabe, Beweise dafür zu sammeln, daß in Südafrika und Namibia verhaftete Widerstandskämpfer gefoltert worden waren. Meine Begegnungen mit den Opfern und den Familien derer, die in Gefangenschaft und unter der Folter gestorben waren, waren bewegend, herzzerreißend, aber schließlich doch eine Quelle der Hoffnung. Trotz allen Elends und aller Erniedrigungen hat ein Freiheitskampf stets auch etwas Beflügelndes. Doch am nachhaltigsten erinnere ich mich an zwei Begegnungen mit Personen aus dem Lager der Unterdrücker. In Windhuk, der Hauptstadt des von Südafrika besetzten Namibia, wohnte ich bei meinen Freunden, die in der vordersten Linie des Kampfes der Kirchen gegen die Unterdrückung durch die Südafrikaner standen. Doch ich wollte auch andere Christen kennenlernen. Ob ich wohl einen Geistlichen der die Apartheid befürwortenden *Dutch Reformed Church* sprechen könnte? Meine Gastgeber waren erstaunt. Ja, antworteten sie. Wir wissen, wer sie sind. Wir wissen, wo sie wohnen. Doch Sie müssen schon allein hingehen. Wir möchten sie weder aufsuchen, noch wären wir bei ihnen willkommen. Also ging ich zu einem von ihnen, von dem am ehesten anzunehmen war, daß er mit mir sprechen werde. Als dieser Mann begriff, mit wem er es zu tun hatte, sah ich Angst in seinen Augen. Er trieb seine Familie hinaus und nahm mich in sein Arbeitszimmer. Ich würde ihm – sogar jetzt noch, fünfzehn Jahre später – einen schlechten Dienst erweisen, wenn ich seinen Namen preisgäbe.

Er hatte Tränen in den Augen, weil ich zu ihm gekommen war. Es war, als ob ich mich dazu bereitgefunden hätte, einen Aussätzigen zu besuchen und zu umarmen. Er sagte nicht viel, ließ aber keinen Zweifel daran aufkommen, daß er die Wahrheit kannte und darunter litt, was seine Kirche und sein Volk taten. Er hatte nicht die Seelenstärke, sich von seinem Burentum loszusagen, um allein oder mit seiner Familie ins spirituelle Exil zu gehen, wie das einige prophetische Persönlichkeiten getan hatten, deren Größe er anerkannte. Er bat mich, mit ihm für seine Familie und für sein Burenvolk zu beten. Und als ich ging, hoffte er, niemand würde mich sehen. Die „christliche Welt" hat weder nachdrücklich genug für diesen Mann und seine Leute gebetet, noch energisch genug gegen die Dinge gekämpft, die sie tun. Weder haben wir den Sünder genug geliebt, noch haben wir die Sünde genug gehaßt. Das ist Teil des Ausmaßes unserer Mitschuld an der Schuld Südafrikas.

Meine andere Begegnung, die nicht weniger persönlich und nicht weniger politisch verlief, war ein Zusammentreffen mit dem Ersten Staatssekretär im südafrikanischen Außenministerium, einem der zahlreichen Bothas dieses Landes. Er verkörperte die Macht des Unterdrückers. Er zeigte keinen

Ansatz von Bußfertigkeit, sondern demonstrierte, wie man Wahnsinn und Barbarei mit vernünftig klingenden, zivilisierten Worten verteidigen kann. Das Bestürzende daran war nicht sein Zynismus, sondern der Brustton der Überzeugung.

Hier war ein Mann, der eher bereit war als ich, Gottes erlösende Gnade geltend zu machen, und doch – in meinen Augen – dem Teufel selbst diente. Wenn aber Gott so wenig tut, um seine Kinder vor derartigem Irrglauben zu schützen – wer ist er dann, dieser mein Gott? Niemals bringt mich das ungelöste Rätsel des Bösen näher daran, die Macht der Liebe zu leugnen, als wenn ich mit der Liebe zur Macht konfrontiert werde, die sich als Gottes Gerechtigkeit ausgibt. Ich haßte diesen Mann nicht, und ich glaube, er spürte es. Und ich hoffe, ich würde ihn nicht einmal hassen, wenn ich sein Gefangener wäre. Doch ich habe einen Streit, der höchst persönlich und zugleich sehr politisch ist, mit dem Gott, den sowohl er als auch ich anzubeten behaupten. Dieser Streit endet nur, wenn ich innehalte und einen Mann, der am Marterholz hängt, beten höre: „Vater, vergib ihnen, denn sie wissen nicht, was sie tun.“

Im Frühjahr 1986 starb Heinz Brandt. Er gehörte zu jenen Menschen, die man gern als Heilige bezeichnet, obgleich ihn das gegraust hätte. Nach dem Zweiten Weltkrieg war er einer der Architekten der kommunistischen Gewerkschaftsbewegung in der DDR. Mitte der fünfziger Jahre verlor er durch das, was der Stalinismus getan hatte (und noch immer tat), seine Illusionen. Was er sah, entsprach nicht seinen Vorstellungen von einer Volksdemokratie. Enttäuscht verließ er die DDR und kam in den Westen – nicht um gegen den Osten zu hetzen, sondern um dazu beizutragen, im Westen einen Sozialismus mit menschlichem Antlitz aufzubauen. Adenauers Bonn war fast so wenig nach seinem Geschmack wie Ulbrichts Berlin. Doch dort, in Ost-Berlin, betrachtete man ihn als Verräter. Und in gewissem Sinne war er das ja auch, wenn auch aus Gründen, die aller Ehren wert sind.

Gegen Ende der fünfziger Jahre besuchte er West-Berlin. Dort wurde er gekidnappt und nach Ost-Berlin entführt. In Ost-Berlin verurteilte man ihn in einem Geheimprozeß zu einer langen Gefängnisstrafe. *Amnesty International* setzte sich für seine Entlassung ein. Der britische Geistliche John Collins, der in Osteuropa hochgeachtete Begründer der Bewegung für nukleare Abrüstung, nahm mich mit, als er nach Ost-Berlin reiste, um sich für Brandts Entlassung einzusetzen. Parteichef Walter Ulbricht empfing uns und hörte sich an, was wir zugunsten der Freilassung Brandts vorzubringen hatten, und erwiderte dann klipp und klar, der Verräter hätte nur bekommen, was er verdiente. Zum Schluß stellte er die Frage: „Warum kompromittieren Sie beiden Priester Ihre Arbeit für den Frieden, indem Sie sich für diesen Lumpen einsetzen? Wenn er Christ wäre, wäre das vielleicht Ihre Pflicht. Aber was ist er? Ein Verräter am Kommunismus!" Die Predigt, die wir Ulbricht hielten, war von meisterhafter Kürze: „Er ist ein Mensch. Ist das nicht genug?"

Auch hier fanden wir in einer fast klassischen Konfrontation mit der Macht, aber auch mit der Schwäche der Macht, die enge Verbindung von Persönlichem mit Politischem. Eine der traurigeren Überlegungen zu dieser Erfahrung ist die, daß viel zu viele Christen genau so denken wie der Kommunist Walter Ulbricht. Wenn ein Christ Unrecht leidet, sollten Christen ihm helfen. Wenn ein Kommunist Unrecht leidet, geht sie es nichts an. Das ist Stammesdenken. Niemand hat hierauf eine bessere Antwort gegeben als Martin Niemöller, die Symbolfigur des protestantischen Widerstandes gegen Hitler und sieben Jahre lang Hitlers „persönlicher Gefangener". Als er schließlich freikam, sagte er: „Als die Nazis die Kommunisten holten, habe ich geschwiegen; ich war ja kein Kommunist. Als sie die Sozialdemokraten einsperrten, habe ich geschwiegen; ich war ja kein Sozialdemokrat. Als sie die Juden holten, habe ich geschwiegen; ich war ja kein Jude. Als sie mich holten, gab es keinen mehr, der protestieren konnte."

Doch auch Niemöllers Überlegungen sind in dieser Angelegenheit nicht das letzte Wort. Alle, die er aufzählte, waren unschuldige Opfer. Aber auch die Schuldigen sind Menschen. Den Mund zu halten, wenn sie gefoltert und mißhandelt werden, mag keinen Anstoß erregen. Und doch ist auch das ein Verstoß gegen die Menschlichkeit.

Also sollte heute* die Welt nicht nur nach der Befreiung Sacharows und Mandelas rufen, sondern auch die Freilassung des alten, kranken und schuldigen Rudolf Hess verlangen, der - einst Hitlers Stellvertreter - seit 1941 in Gefangenschaft lebt, allein in absurder Isolation im Spandauer Kriegsverbrechergefängnis. Wenn er in Gefangenschaft stirbt, bedeutet dies, daß ein Stück faschistischer Unmenschlichkeit triumphiert haben wird, weil auch Hess seinerseits niemandem Gnade gewährt hätte. Das Evangelium kennt den Begriff der Gerechtigkeit. Die Vergeltung ist ihm aber fremd.

Während in den Feuerstürmen amerikanischer Napalmbomben vietnamesische Dörfer und Kinder verbrannten, starb 1968 in der Tschechoslowakei ein Traum. Sowjetische Panzer walzten ein allgemein beliebtes, menschliches, vielleicht zu idealistisches Experiment mit dem Kommunismus nieder. So wurde, wie die Invasoren es offiziell nannten, das Leben der Tschechen und Slowaken „normalisiert". Wie das einfache Volk fühlte, wußte die ganze Welt, und sogar die sowjetischen Panzerbesatzungen erfuhren es - zu ihrem Erstaunen, denn man hatte ihnen eingeredet, sie kämen als Befreier.

Zwei Monate später, noch bevor das Land seine Grenzen für Leute wie mich dichtmachte, nahm ich wehmütig Abschied von dem, was vom „Prager Frühling" übriggeblieben war. Es war früh am Abend, und in der Prager Altstadt herrschte reger Verkehr. Ich wartete an einem sehr belebten Fußgänger-Übergang, betrat die Kreuzung und sprang sofort

---

* 1986 geschrieben

wieder zurück. Denn mit höchster Geschwindigkeit raste durch eine der engen Einbahnstraßen ein sowjetischer Jeep auf die Kreuzung zu. Am Steuer saß ein junger Rotarmist, der den Wagen fuhr, als ob er in den weiten Steppen Zentralasiens wäre und von den Leuten erwartete, sie sollten zur Seite springen. Die taten das nicht. Sie verlangsamten ihre Schritte. Sie waren nicht in der Stimmung, ihn durchzulassen. Erst im allerletzten Augenblick, als es schon fast zu spät war, begriff er, was geschah, und bremste so heftig, daß der Wagen zweimal um seine Achse schleuderte und – nur wenige Zentimeter vor der Kreuzung – mit abgewürgtem Motor querstand. Er saß da, erschrocken und zitternd. Er sah aus wie ein verängstigtes Kind. Die Menschen auf der Straße bedachten ihn mit eisiger Mißachtung. Sie „schnitten ihn tot", wie man auf Englisch sagt. Es war eine Art geistigen Lynchens. Meine Gedanken schweiften nach Belfast und anderswohin. An so manchem Ort unserer Welt hätte es wohl ein körperliches Lynchen werden können. Es war furchterregend, ein Stück Straßentheater, dem ich entgehen wollte. Also setzte ich mich erneut in Bewegung, um die Straße zu überqueren. Unter den ärgerlichen, erbosten Gesichtern der Menschen, die mir von der anderen Straßenseite her entgegenkamen, hob sich eines ab: das traurige Gesicht einer sehr schönen, jungen Frau. Überall wäre ich stehengeblieben, um dieses Gesicht zu betrachten, doch in diesem Augenblick war sie mir als Ablenkung besonders willkommen. Sie – und nur sie allein – blickte auf den jungen Soldaten. Gerade, als sie an mir vorüberging, begegneten sich ihre Blicke. Sie lächelte. Er fand zum Leben zurück, startete seinen Jeep und fuhr weiter.

Ich hatte einen Augenblick überwundenen Hasses erlebt. Wahrscheinlich war sich die junge Frau der Bedeutung ihres Handelns gar nicht bewußt. Sie hatte nur bewiesen, daß sie in allererster Linie ein Mensch war und erst dann eine Tschechin. Manche halten dergleichen für Verat. Für mich war es ein Beweis der herrlichen Freiheit eines Kindes Gottes. Ob sie wohl Christin war? Allerdings vermute ich, daß sie, wenn sie diese Zeilen läse und sich vage an das Ereignis erinnerte, nur den Kopf schütteln und lächeln würde, so wie sie damals lächelte.

Windhuk, Prätoria, Berlin, Prag und schließlich – Auschwitz. Ich wollte nicht wirklich hin. Ich hatte schon genug Konzentrationslager gesehen, die zu Museen des Schreckens geworden waren. Konnte ich es ertragen, vor den Bergen aus Menschenhaar zu stehen? Vor den Bergen aus weggeworfenen Brillen, ja sogar aus Kinderspielzeug? Und dann vor den Gaskammern? Verwandte meines Vaters waren hier umgekommen. Und um diesem Ende zu entgehen, nahm sich meine Lieblingsgroßmutter, an der ich besonders gehangen hatte, das Leben. Dennoch war es nicht nur Höflichkeit gegenüber meinen polnischen Gastgebern, die mich das Lager aufsuchen ließ. Eine Medizinstudentin, die ein gutes Englisch sprach, machte die Führung. Für sie war es ein Ferienjob. Sie machte es gut – ohne das übliche Pathos, ohne antifaschistische Kampfparolen. Warum hier noch Worte verlieren?

Als wir all die Stätten besichtigt hatten, wo Millionen Menschen umgekommen waren – Millionen Menschen, von denen jeder einzelne einzigartig geliebt wurde – zeigte sie mir noch ein weiteres Grab. Das Grab des Nazi-Kommandanten, der wegen Verbrechen gegen die Menschlichkeit gehängt wurde. Gerechtigkeit. Doch ich erinnerte mich an die Karikatur Vickys im *New Statesman* an dem Tag, als Eichmann, der diese Morde befohlen hatte, der Vorgesetzter des Kommandanten war, in Jerusalem seinen Urteilsspruch bekommen sollte. Sie zeigte Eichmann, umgeben von seinen Opfern, in seiner kugelsicheren Glaskabine. Darunter hatte Vicky, selbst Jude, die Worte gesetzt: „Brüder, tötet nicht mehr." Eine Weisheit, die mit dem Wind verflog. Wieder mußte jemand sterben. Dies war Gerechtigkeit. Aber keine Erlösung.

Wir verließen das Lager und begaben uns in einen Empfangsraum für Besucher. Ein riesiges Buch wurde mir vorgelegt. Es enthielt Eintragungen von Besuchern. „Bitte, schreiben Sie hinein, was Sie empfinden." Ich las einige der vielen Bekundungen des Schreckens, des Zorns und der Scham. Ich spürte nichts von alledem. Ich konnte nur, ohne Worte, zu beten versuchen und dann die zeitlosen Worte hinschreiben: „Vater, vergib!" Meine studentische Führerin warf einen Blick darauf, schüttelte den Kopf und ging davon. War das nicht eine Form von Lästerung? *Das* zu vergeben? War es eine geistliche Form, aufs Kreuz gelegt zu werden?

Inhalt